心の3次元

3本の指で幸せになる方法

ハーレー・ニーマン

本文デザイン＝パブリック・ブレイン
イラスト・図版＝山辺健司、arakawa、パブリック・ブレイン

はじめに

「人生が3次元的に広がるですって、体が太るってこと?」

いえいえ、そういう意味ではありません。

確かに体形やルックスといった外見、地位や学歴といった肩書きも人生の一部です。しかし、私が特に興味を持ち、本書にまとめたのは、そのような人生の外面的なものではなく、もっと内面的なものなのです。

私は最近、大きな発見をしました。その発見は私が物心ついた頃から、30年間ずっと探し求めていたもので、人生の内面に関するもの、すなわち心に関しての発見です。

本書の内容は、人生の内面という目に見えない世界についての話が中心になっています。もちろん目に見える世界の話もたくさん出てくるのですが、やはり目に見えない世界が主役なのです。

それと、もう一つお話しておかねばならないことがあります。私は心理学者ではありません。「2丁目の歯医者」です。つまり、心を専門に扱う職業ではありません。しかし、本書が扱う心は人生の内面というかなり大きな部分を占めるものであり、人生の研究者として、本書を書かせていただいた次第です。人生研究者は大勢います。本書のタイトルに引かれたあなたも、きっと人生研究者の一人でしょう。本書を通じて御一緒に多くのことを考え、学ぶことができたら幸いです。

著　者

目　次

第３章　心の３次元　95

第４章　心の３次元を胸に　145

第1章
心の3要素

見える世界・見えない世界

「見える世界」と「見えない世界」があるなんて言うと、驚かれる方もいるかもしれません。見えないものが世界であるはずはないという方もいることでしょう。ここで使う、見える・見えないは抽象的な表現であり、もっと具体的な表現をすれば、人間が五感で感知できる世界と、できない世界があるということです。

目の前にかざした手。これは確かに見える世界に存在します。しかし同時に手は微量の放射線を発しております。その放射線を私たちが直接感知することは不可能です。同様に電子機器からの電磁波は感知できず、磁石から出ている磁力も感知できません。世界そして宇宙には私たちが五感で感じることができるものと、できないものがあるということです。

見える世界・見えない世界、どちらが上でどちらが下とか、どちらがより大切か、重要かなどということがあるでしょうか。小さい世界を考えてみて、分子と分子を結びつける見えない分子間力がなければ、見える物質は存在しません。身の回りの例では、携帯電話を持っていても、電波がなければ通話ができません。引力がなければ月はどこかに行ってしまうことでしょう。このように、見える世界は見えない世界によって成り立ち、逆もまたしかりなのです。

このことを踏まえながら、人生の内面である心を見てみましょう。見えない心が見える形として、毎日のニュースや身の回りの出来事に深く関係していることに気が付きます。現在の世界の姿は、見えない心の反映と言っても過言ではないでしょう。それならば、みんなの心が明るく、ハッピーならば世の中は天国のように素晴らしいものになるはずですね……。

おやっ？　どうも現実の世界はそんなに甘くないようですね。争いがあり、孤独があり、絶望があり、悲しみがあります。天国とは程遠いようです。なぜでしょう？

私は30年間、この「なぜ」という問題に取り組んできました。そして、ある一つの答えに辿り着きました。この世が天国のようでないのは、心が十分に理解され、適切にコントロールされていないからであると。そして、心を理解し、コントロールする方法を考案したのです。それは、心の３次元です。図１に示すように、３本の指をお互い直角になるように立ててみます。これで心の3次元は完成です。

「は？　これってフレミングの法則の真似では……」

鋭い御指摘です。確かに似ております。しかし、心の3次元では親指に力、人差し指に知性、中指に慈愛を当てはめます。

「なぜ、これが答えなの？　この指はいったいどんな意味？」

そうですね。結論だけ言っても理解できません。この後の項でゆっくり御説明いたしましょう。でも、どうです？　結論は意外とシンプルですよね。

心の3要素とは

本章では私が人生の内面に関心を持ち、心に三つの要素があることに気が付いた背景を中心にお話しします。私は37歳の歯科医師です。歯科医師であれば歯だけを見ていれば、人生すべて済むというわけではありません。患者様とのコミュニケーションを通じて、症状を把握すること、治療内容について説明すること、診療方針について

図１　心の３次元の完成図

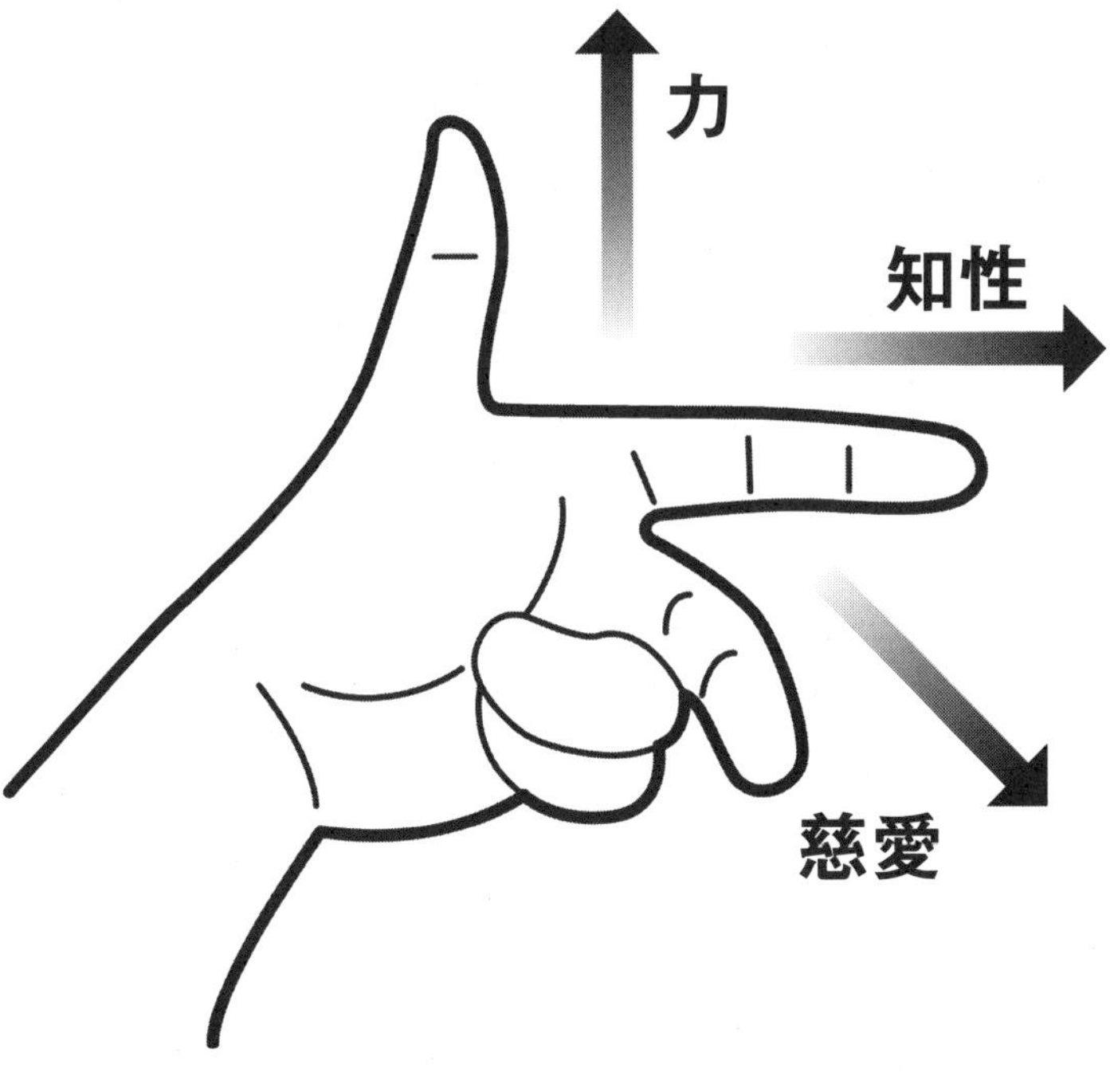

意見交換することなども必要です。穏やかな雰囲気を心掛け、リラックスしていただくことも大切です。

さらに、私は家庭において夫、そして父親であり、ここでも食べて寝て終わりというわけにはいきません。妻の料理をたまには褒めること。感謝の言葉を口にすること。子供を抱きしめること。時に厳しく叱ること。実に様々な自分が引き出されているのです。これはすべて私の人生です。見える世界と見えない世界があるように、私の人生にも見える部分と見えない部分があります。私の人生における見える部分とは何でしょう。これは主に肉体やそれに付随するものと表現してよろしいと思います。見えない部分とは何でしょう。これは私の心です（図２）。

自由意志ばんざい？

現代人は昔に比べ、人生の外面、すなわち肉体の部分において快適な生活を送ることができるようになりました。それは様々な技術の発展によるものです。それに伴い、

図2　人生における「見える」「見えない」の概略図

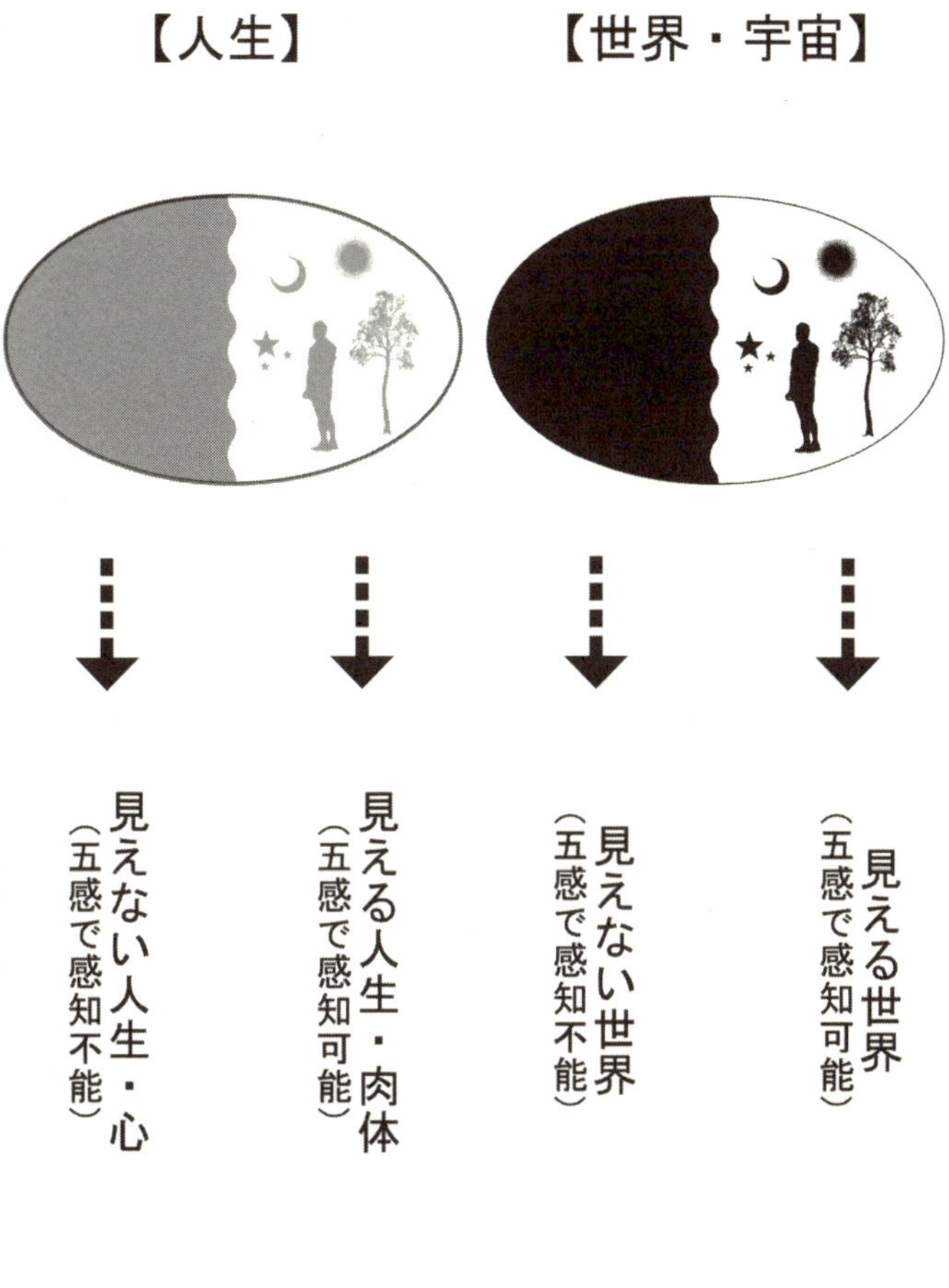

人生の内面、心の部分も大きく影響を受けました。具体的にそれを見てみましょう。

約4000年前の人類を想像します。多くの人は半狩猟的な生活を送り、住居も衣服も立派ではありません。油は貴重品でした。まずは自身の肉体を維持するために、食料や飲み水を確保し、暖を取ることを最優先しました。現代人と同様の生活レベルを維持することは、族長と呼ばれる有力者でも困難であったはずです。このような時代に生命維持以外に関心を払うことのできた自由時間、すなわち暇な時間、余暇はほとんどなかったでしょう。人生の内面である心の中に、自由な部分、自由意志が生まれるためには、生命の維持から解放された自由時間が必要です。この頃の人々は1日に1時間も、自由意志を持つことができなかったでしょう。

時代は進み約2000年前、農耕技術が発達、車輪や鉄も普及し、道路交通網が整備されました。また、中央集権制が始まり、住居も衣服も品質が向上し、油も普及して夜も読み書きが可能になってきました。このようになると、生命維持以外への関心、すなわち自由意志を持ちうる時間というのは、飛躍的に増大したはずです。1日2時間くらいに増えたのではないでしょうか。さて、人々は余暇を得、人生の内面において自由意志が登場します。人々はようやく手に入れた貴重な自由意志を用いて何をしたのでしょうか。ローマ帝国、三国志時代の中国においては、大量の食料を兵糧として集めることが可能になったことにより、軍隊を編成し戦争が繰り返されるようになりました。

かなり時代は進み約２００年前、産業革命が起こり、蒸気機関等モータリゼーションの普及、大量生産・大量消費が始まりました。ここまで来ますと、人々はさらなる余暇を得、生命を維持すること以外への関心は増し、自由意志を持ちうる時間はさらに増えました。１日３時間くらいは自由に何でも発想することができたのではないでしょうか。自由意志ばんざいですね。さて、地球は平和になったかというと……。帝国主義と植民地支配の始まりです。

約１００年前、いよいよ電力が普及し始めます。人々は明るく輝く電球の向こうに、明るい未来を夢見たことでしょう。さあ、いよいよ自由になってきました。生命維持を忘れ、１日に４時間も自由意志を持つことができるのです。地球に平和が訪れて当然と思いきや、第１次・第２次世界大戦の始まりです。

21世紀になりました。情報技術の目覚ましい発展により、今や地球の裏側にいる人とも簡単に、リアルタイムで情報交換できます。書類もメールに添付してすぐに送れます。店舗の在庫情報だってパソコン画面に一瞬で表示されます。いやはや、とても便利になりました。人々はさらなる余暇を得、自由意志を満喫しています。1日5時間くらいは自由意志を持てるようにまでなりました。今度こそ平和になるでしょうか……。

さて、人類の歴史という大きなレベルではなく、個人の人生という身近なレベルに話を移しましょう。これから時代が進むと自由時間はもっと増えるかもしれません。オール電化は当たり前、家事全般は電子頭脳とロボットがこなしてくれる日もそう遠くないかもしれません。そんな先まで待たなくても、会社で定年となり余暇が増える方もいることでしょう。平均寿命も以前に比べて長いものとなりました。

このように過去から現代へと時代が進むとともに、人生の外面すなわち肉体を支える技術は向上し、私たちは1日において、より多くの余暇と自由意志を手にするようになりました（図3）。

図3　現代と過去の1日における余暇・自由意志の比較

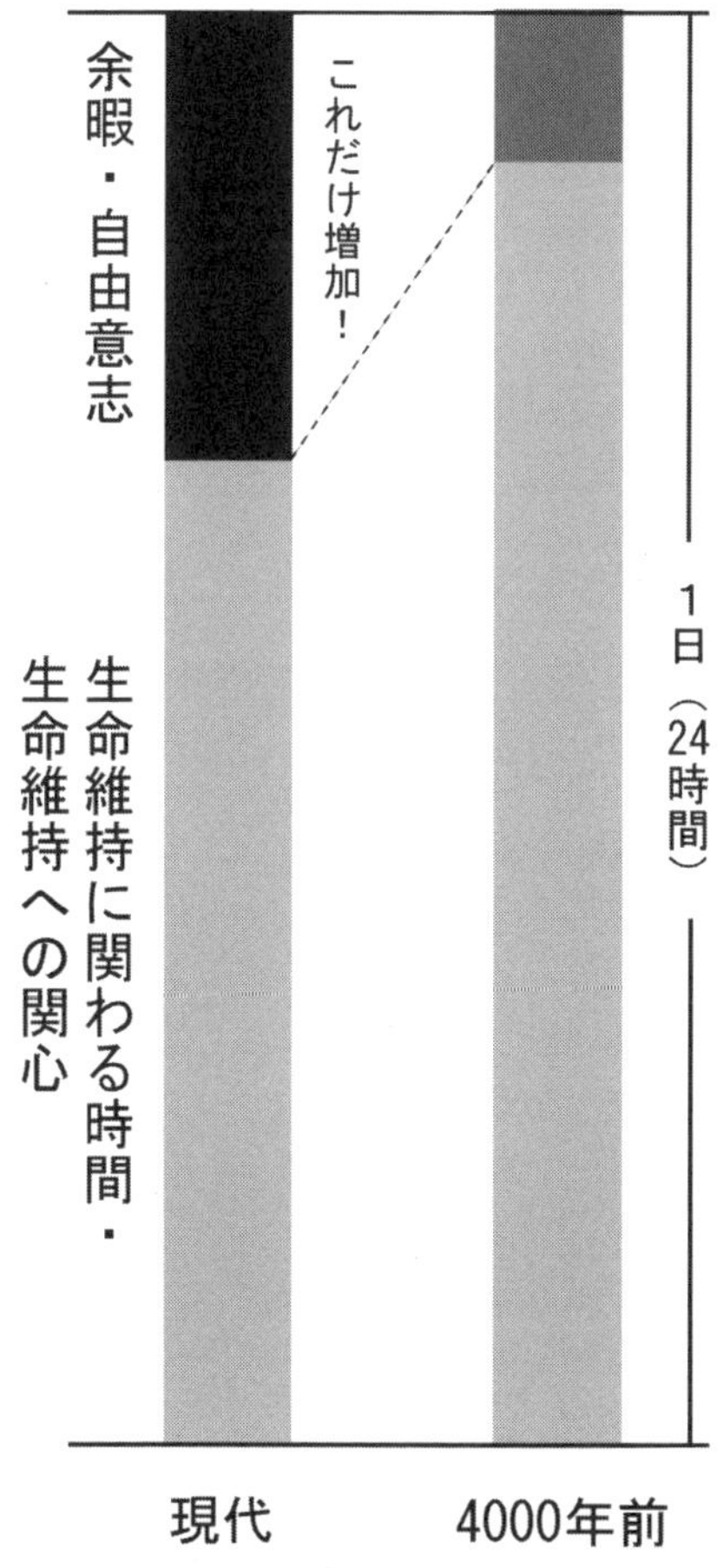

生活は便利になり肉体面が楽になったことによって、人生の内面である心の世界にはどのような変化が訪れたでしょうか。生命維持へと関心を向けている時間は、お腹が空いておらず、喉が渇いておらず、寒くなく、眠くもないという状況では、当然短くなります。その代わり、心の中には自由意志を用いる時間が長くなります。つまり、飢えや渇きといった身体的欲求から解放され、自由意志が幅を利かせるようになった心は、質的な変化をも迎えることになったのです。

それでは、心の世界がより自由意志によって占められるようになった現在、人生の内面である心は楽になり、苦痛を感じないで生きられるようになったでしょうか。時代の流れを振り返って分かるように、人類は余暇が増えるごとに、より大きな戦争を繰り返してきました。現代社会においても心に苦痛を覚え、人生に疲れを感じている人はたくさん存在します。自殺者の数が多い現状を見れば、少なくとも、この世が天国のようであるとは言いがたいでしょう。肉体的にはだいぶ楽になったのに、心までは楽になっていないのです。技術の発展を通じた余暇の増大、自由意志の時間的拡大は必ずしも心の疲れを癒すことにはつながらなかったのです。時代とともに、心における自由意志が存在感を強めるなか、どうすれば心は楽で、幸せに満ちたものとなるのでしょう。

心技術という新技術を求めて

人生の外面である肉体に関連した技術が、肉体を楽なものとしたのであれば、人生の内面である心に関連した技術が発展すれば、心を楽にすることができるのではないでしょうか。

ある技術を習得し、磨くためにはまず対象となるものの本質を理解することが必要です。その基本にあるルール、法則性を発見できれば、関連する技術を向上させることができます。心の基本にあるルール、法則性の理解を通じて、心に幸せをもたらす技術を発展させ、幸せに一歩近づくことができるのではないかと思うのです。たくさんの人がこの技術を用いれば、世界の姿も天国により近いものとなることでしょう。

「心の本質ねー。心って目に見えないし、人によって様々だから、本質とかは初めからないんじゃないの？」という考えもあってしかるべきです。

多くの人がそう思っているかもしれませんし、実は私自身もそんな思いになるときだってあるのです。しかしながら、そのようにあきらめられ未開拓に放置された状態は、いつしか私の開拓魂に火をつけていたのです。

心の本質とは何だろう？

私が心の本質に注目し、その存在をなんとなく信じていた背景の一つに、祖父から囲碁を学んだことが挙げられます。最初は勝つため、優越感を得るため、勝負のスリルを味わうためというのが囲碁をする目的でした。単なるゲームだったのです。ところが中学時代のある日、昨日まで私に全然かなわなかった友人が、急に腕を上げ、私は何回挑戦しても逆に勝てなくなってしまいました。「え、なんで？」の状態です。単なる陣取り合戦、ゲームだと思っていた私を尻目に、友人は囲碁クラブの先生から布石・定石を学び、めきめきと上達していきました。目先の展開に夢中になる私に対し、友人は序盤から全体的な視野に立って布石を打ち、基本法則である定石にのっとって打つようになっていたのです。勝ちたいという気持ちを抑え、いかに碁の本質、すなわち真理に近づくことができるのか、これが結果として勝利という形になって現れていたのです。

同時に、この頃の私は哲学に興味を持ち始め、トルストイの人生論〔注1〕を読みふけり、様々な哲学者・心理学者の著作に触れ、人生とは何か。幸福とは何か。心とは何か。について半分ノイローゼになりながら考えていました。

もしかしたら心にも本質、真理があってそれに近づくことができるかもしれない。そんな出口があるのかないのか全く分からない。面白いけど、孤独で恐ろしい世界へと足を踏み入れたのは、自分の人生と徐々に向き合い始めた中学・高校時代だったのです。

心の本質を探る、コントロールする、なんと大胆で奇抜なアイデアでしょう。ところが、まんざら絵空事ではないと知ったのが大学生活も終わりの頃です。

大学時代、空手道に夢中になっていた私は、組手試合の前日は緊張で眠れず、睡眠不足で試合に臨むことが多かったのです。

眠ろうとしてまぶたを閉じると、相手の姿が脳裏に浮かんできます。体は大きく鋭いこぶし、強烈な蹴り技などなど。負傷するかもしれません。自分の技は通用するのでしょうか。どんな技が有効でしょう……。こんな精神状態で眠れるはずがありません。

そんなあるとき、アメリカ軍の人体実験に関する記事を読みました。目隠しとヘッドホンにより感覚を遮断して、椅子に縛りつけ、ヘッドホンから様々な雑音を流し続けると人間はどうなるか、という実験です。たいていの兵士は精神に異常をきたすらしいのですが、その中でわずかに正常な精神状態を維持した兵士がいました。彼らは東洋の「禅」を学んでおり、雑音が流れる間ずっと心を無にしていたというのです。

これを知った私は禅のルーツである仏教について学びました。そこで無分別智〔注2〕に出会います。

「美しいものはない　美しいものはなくはない」

「恐ろしいものはない　恐ろしいものはなくはない」

「痛みはない　痛みはなくはない」等々。

目を閉じて、あらゆる価値判断を否定、否定の否定を繰り返すことで心は自然と無になっていくのを感じました。そして、試合の前夜もこの精神トレーニングを行うことで、よく眠ることができるようになり、県の大会でも上位入賞が続き、最終的に県の代表選手に選ばれました。大学時代最後の試合では左足に強力な蹴り技を受けてしまい、粉砕骨折してしまいましたが、構えを逆にしてその後も試合に出続け、勝つことができました。無を基本とすることによって、試合中も痛みや恐怖心をコントロールすることができるようになっていたのです。

これは、心は無にすることができるという、心の法則のある一面の発見であり、その経験を通じて私は、心の本質を探るということが不可能なことではなく、かつ大変有意義な作業であると思うようになりました。「これは使えるぞ！」と思ったのです。卒業後、歯科医師となった私は社会人として歩むようになりましたが、心を無にすることのみでは、対応できないことが山ほど出てきました。

３要素の発見

他人と関わりを持つ際に「無」ばかりでは、「この人は何を考えているのだろう？」

となってしまい、不思議な雰囲気をかもし出すのみでなく、時には冷たい心の持ち主だと思われてしまいます。ゴルゴ13〔注3〕のように、人とのつながりを排して生きていければ話は別です。彼に友人がたくさんいたら、すぐに捕まってしまいます。

社会は人の集まり、心の集まりであり、それゆえ仏教で言うところの無ではなく、「色」、様々な色の集まりなのです。無色にこだわり貝となってしまった私を、世間は相手にしてくれないでしょう。自分の個性、色を出していく必要があるのです。有から無、無から有へ。歯科医師として社会に出た私に、周囲の環境は、再び心をさらけ出すこと、色を表現することを求めてきたのです。

この状況は再び私を心の本質解明へと駆り立てていきます。

私が最初に気が付いた心の動きは「力」です。自由意志の多くを富や名声などを得るために用い、この世の力を求めてやまない自分の姿に気が付いたのです。歯科医師として自信がついていくのと同時に、力を求める気持ちが強くなってきました。「力こそがすべて、力があれば何でもできる！」と思ってしまったのです。自然と周囲との衝突も生まれ、親しかった人々とも衝突し、仕事環境にも大きな変化が訪れた頃、西郷隆盛〔注4〕の「敬天愛人」という言葉に出会いました。「敬天」とは天の摂理、真理を敬い従うという心、これは知性そのものであり、「愛人」は人を愛する心、すなわち慈愛です。西郷隆盛は富や名誉など、力を求めず、知性と慈愛に生きていくことを決意していたのです。

心の本質に関心を持ち、少し知ったつもりでいた私は、自分自身の中に力を求める心、力にひどく執着する心を発見したため、ひどく動揺し、自分に落胆してしまいました。そして、心に力以外の要素がないか必死で探し求めていました。西郷隆盛の「敬天愛人」は、そんな私に進むべき道を照らし出してくれたのです。

以来私は、心の中には力以外にも知性・慈愛といった要素がある。という仮説の検証を進めました。そしてその道の先には、キリスト教、仏教、陽明学〔注5〕、宮沢賢治〔注6〕の文学、イギリスのスピリチュアリズム〔注7〕など様々な分野が、人の心の中には力以外に知性と慈愛が存在することを訴えていたのです。

心の中の三つの要素、力・知性・慈愛はこれまでどのように理解されてきたのでしょう。

現代社会では力は物欲、欲望として、知性は知識、理性として、慈愛は優しさ、思いやりとして表現されています。いずれも人間社会における重要な要素です。

キリスト教において、まず一つのテーマは神です。そして、愛、そして人の罪が大きく取り上げられていることを知りました。神はこの世の創造主であり、ゆえにこの世・あの世のあらゆるルール、法則は神の御心に帰結します。神が御子イエス・キリストを世に遣わされたのは愛ゆえであり、それに対して人は残酷な死という罪で報いたのです。

仏教におきましては仏法が存在し、世において慈悲の心として現れるのであり、心の中の煩悩ゆえに人は苦しむとしました。

陽明学では人の心の中に絶対真理としての良知が存在し、万物は仁において皆一体のものであるとし、良知に向かう上で最大の壁となるのが私利私欲なのです。

宮沢賢治の文学では科学や宇宙が普遍的知性として登場し、その絶対的な根本原理として法華経が信奉されています。そして、菩薩道という利他的精神こそが理想として表現され、この世、そして自分の中に闘争心として修羅が存在するとしています。

イギリスのスピリチュアリズムでは、人間は肉体と精神と霊によって構成されているとし、人間が精神においては理性的・知性的に生きることを、霊においては慈悲・慈愛に溢れて生きることを、肉体においては身体的欲求、さらにはそれを強調した欲望に従って生きることを主張します。

そして、これら様々な分野での出会いを通じて、他にも、様々な優れた文学、映画作品等の中にそれぞれ心の３要素を象徴する存在が描かれていることを知ったのです。

さらに世の中のあらゆるニュース、身の回りの出来事、刻々と動く自分の心を力・知性・慈愛の観点で捉えることができるようになりました。

仏教では認識可能な現象すべてを色と表現しています。心の表れである世の中のニュース、出来事はすべて色なのです。

３要素と３原色

生理学の見地から、この色について考察してみましょう。人が色を認識する場合、眼球内の網膜で感知しますが、あらゆる色は最初に三つの色の感覚で感知されます。この三つの色は3原色と呼ばれ、ＲＧＢすなわち赤・緑・青の3色です。網膜にはこの赤・緑・青に対応した椎体細胞が存在し、その感覚が混ざり合うことによって様々な色が認識可能となります。これは色の感覚における法則、ルールです。

心の三つの要素（力・知性・慈愛）を、この3原色に置き換えることができないでしょうか。

まず私が心の中にはっきりと認識した要素が力です。力は「この世的欲望」であり、これを赤としましょう。「この世で力を得ることができれば、何も恐れるものはない。燃え盛る真っ赤な炎のようになれれば怖いものは何もない」と私は思ってしまいました。ところが人生の様々な試練をすべて焼き尽くすことはできないことに気が付いたとき、力の限界を感じ、他の道を探し始めたのです。

次に触れたのが知性です。これを緑としましょう。囲碁における法則、真理との出会い。仏教における無分別智との出会いと、日常への活用。大学院における研究生活で、隠された真理を追究し続けた日々。それらの経験は、私に人智を超えた真理が存在し、

図4

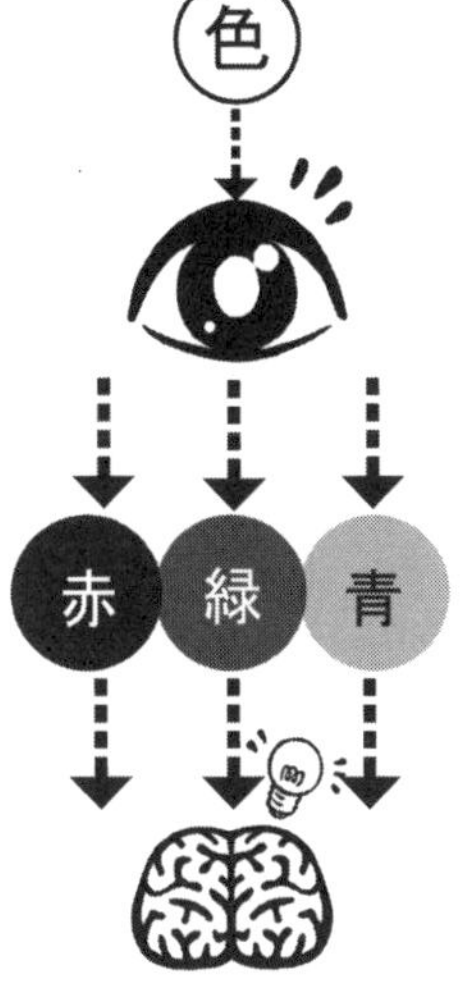

図5

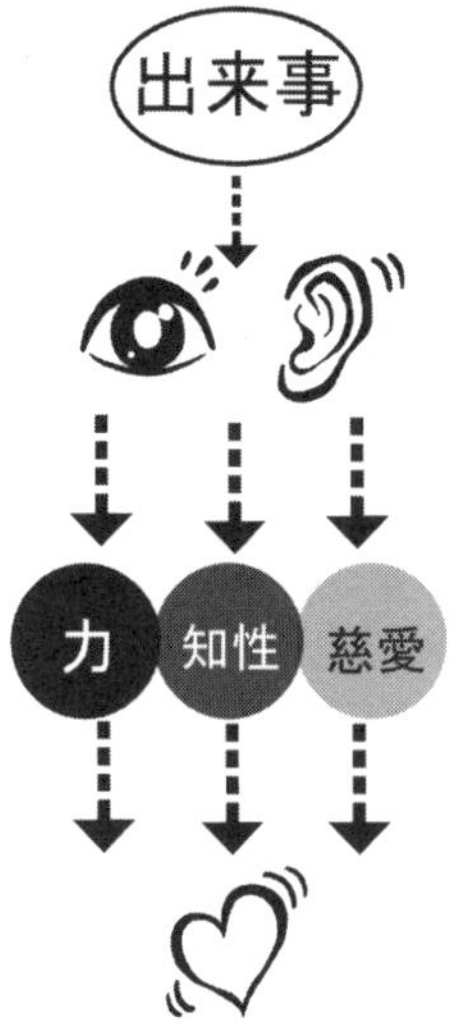

図6

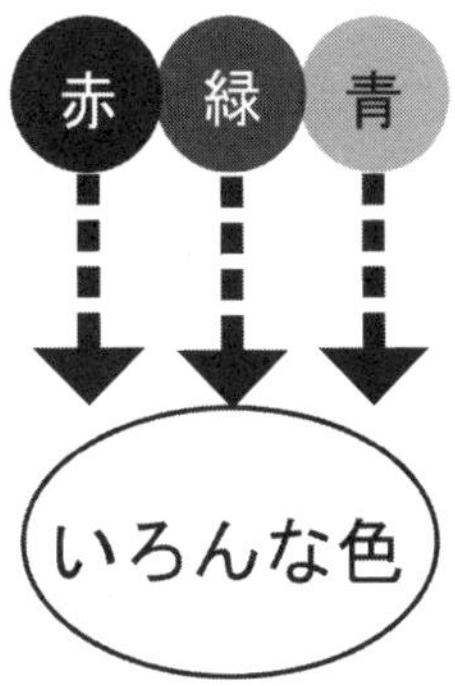

図7

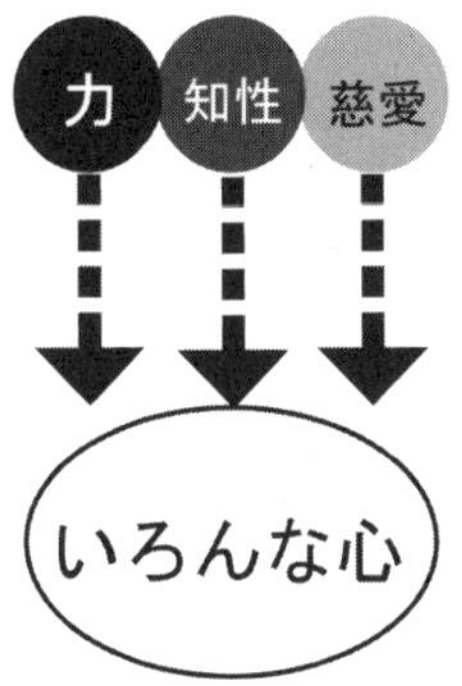

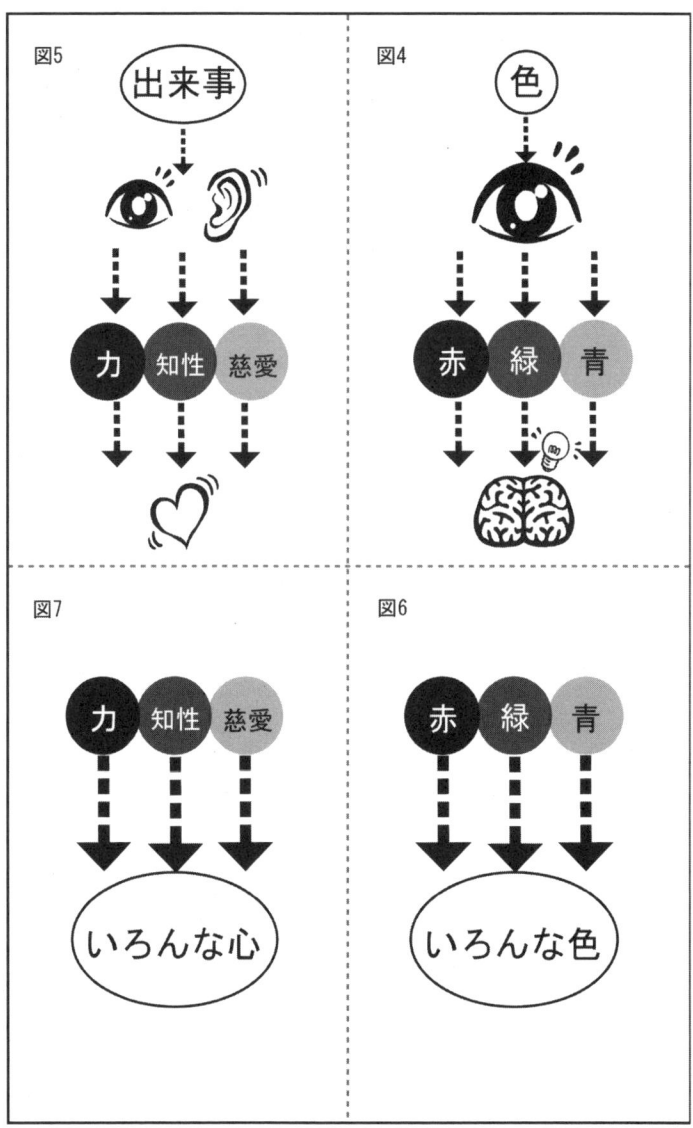

私の心に真理への憧れが存在することを教えてくれたのです。偉大な力が定めたルール、緑の自然界の法則の前に、人はどこまでも謙虚であるべきだと知性はささやきます。

そして、慈愛です。これを青としましょう。ビートルズの「オール・ユー・ニード・イズ・ラブ」〔注8〕に歌われている、「愛こそがすべてである」というメッセージ。これは私の場合、結婚して子供を持つことによって、初めて確信できた感覚だったのです。己の力を求めず、他のために生きる。他のため、空気となり水となる。そのために己を無にするという感覚は、親となることによって真に学ぶことのできた感覚なのです。慈愛。どこまでも深い海のような青。聖母マリアを象徴する色。

私たちの目があらゆる色を赤・緑・青という3原色のハーモニーで認識する（図4）のと同じように、私たちの心はあらゆる物事を力・知性・慈愛という三つの要素のハーモニーで認識しているのではないでしょうか。具体的には、青信号を見て、青と認識し、進もうとするのと同様、映画のワンシーンで描かれた深い友情や慈愛に感動し、涙を流すのではないでしょうか（図5）。

さらに私たちは3原色を自由に使って、様々な色を生み出すことができるのと同様に（図６）、心の3要素を自由に組み合わせたり、表現することができます（図７）。例えば、あることを思い出し、怒ることもできれば、そこから教訓を得ることも、慈しみを覚えることも可能なのです。「そういえば昔、弟とケーキの取り合いしたよな」ということを思い出し、「なんだ弟のくせに！」と怒ることもできれば、「ああいう場合分ければよかったんだよな」と教訓を引き出すことも、「今頃あいつどうしてるかな」と久しぶりに電話をかけることもできます。心を表現することができるのです。

心には3原色と同じように、力・知性・慈愛の3要素があるなんてびっくりですね。本当にそうでしょうか。

そこで、私は力・知性・慈愛について様々な角度から検証を加え、その本質や特徴をまとめてみました。一読することにより、それが確かに赤・緑・青のようにそれぞれ異なった、独立した要素であることが理解していただけると思います。私は本書において、心という一見複雑で捉えようのないものを3要素に分解することによって簡素化し、整理することができるようになるということ。そしてさらに、三つの要素を三つの次元として組み合わせることによって、心の全体像を把握しやすくなるという仮説を提唱します。「心の3次元」は心の中で重要な位置を占める自由意志について理解する上で、とても有効な技術であり、実際、私の心と、家族や親しい友人の心には当てはまるようです。しかしながら、この仮説を検証するためには、さらにたくさんの共同実験者が必要です。力・知性・慈愛の本質・特徴について理解を深めていただいた上で、御一緒に検証実験に参加していただければ幸いです。

力・知性・慈愛の各論に入る前に「知・情・意」との関係についても見てみましょう。

第2章
力・知性・慈愛

知・情・意と力・知性・慈愛

私が「心の3要素」と記すと、「心の3要素って、知・情・意のことじゃないの？」と思われる方もいるはずです。確かに心の3要素というと、知・情・意を指す場合が多いのではないでしょうか。知・情・意と力・知性・慈愛はどのような関係にあるのでしょう。

知・情・意について、夏目漱石の「草枕」序段には、

智に働けば角が立つ。情に棹させば流される。意地を通せば窮屈だ。兎角に人の世は住みにくい。

とあります。

これについて、漱石は「文芸の哲学的基礎」の中で、「精神作用を知、情、意の三に区別します」と述べています。一般的に知・情・意は心を機能的側面から見た場合の分け方なのです。知・情・意についてそれぞれ考えてみましょう。

知は知識、思考、理性として理解され、「智に働けば角が立つ」ということは、知が情を欠いたものであるため、思考がストレートに相手に伝えられると、相手を怒らせる場合があるということを意味しているのでしょう。「君、顔に枕の跡が付いてるよ、朝洗顔してきたのか?」「この仕事は君の能力では無理だ、別の人間に任せる」と言われたら、「ガーン」となってしまうのは私だけではないと思います。「もう少し言い方があるだろ!」となってしまうのです。言っていることは正しいのですが……。

情は感情、情動、人情として理解され、「情に棹させば流される」ということは、情に重きを置くと自分の感情に流されやすくなり、他人に「感情移入」すると、相手の感情に流されると解釈できます。

意は意地、意志、意思と理解できます。「意地を通せば窮屈だ」について、「意地」の意味を「強い意志」または「強い思い」と考えれば、それを通すことによって、何かが窮屈になるということです。何が窮屈になるのでしょう。この意味については後に詳しく考察します。

さて、知・情・意といった心の機能を、脳の機能と関連付けてみましょう。

心の機能と脳の機能

人間の脳機能の基本は「様々な情報を処理し出力する」という「情報処理」にあります。この「情報処理」は、「受容」「統合」「記憶」「学習」「思考」「表出」などのプロセスに分けることができます。ある現象から得られた情報を様々な感覚器官が「受容」し「統合」します。その情報を「記憶」「学習」します。「思考」の過程においては、得られた情報を「記憶」「学習」を参考に処理します。具体的には計算、比較、推論と判断、抽象化と具体化、計画、問題解決等の処理をするのです。続いて「表出」の過程では、「思考」によって得られた結果を行動や言葉として外部へと発信します。

心の機能としての知は、脳機能において大脳新皮質のあたりが関係しているとされ、理性的、客観的な情報処理に関わります。情は大脳辺縁系のあたりが関係しているとされ、感情的、主観的な情報処理に関わります。

このように、心と脳を関連付けることにより、「知の傾向を持つ人」と「情の傾向を持つ人」が存在するという考えもあります。「知の傾向を持つ人」はそうすると、理性的、客観的な傾向の人であり、「情の傾向を持つ人」は感情的、主観的な傾向の人となります。脳の特定部位が知や情に関連しているということを踏まえれば、利き腕や利き足があるように、脳の使い方に傾向があっても不思議ではありません。

さてここで問題となるのは、意の部分です。

意については意志の強い弱いが問題とされ、思考を表出する強さ、行動力・エネルギーの大きさと認識される場合があります。つまり、意を機能と考えれば量的な面が注目されるのです。

これに対し、漱石は「意地を通せば窮屈だ」と記しています。「窮屈」とは何が窮屈なのでしょう。人間関係でしょうか。これについては意志・思いについて考察すれば答えが見えてきます。

私は意に関して、意志が強い弱いという量的な面ではなく、いかなる意志を持つかという質的な面に着目します。

私たち人間は、無数に存在しうる意志の中で、特定の意志を選択して人生を歩みます。これは私たちの意志の自由である一方、私たちの人生を特徴付け、個性として限定するものです。この「意志」を分かりやすく「思い」と表現します。漱石が意志の強弱という量的な面に着目していたのではなく、「どんな思いを抱くか」という意志の質的な面に着目していたのであれば、「意地を通せば窮屈だ」は「自分の思いを貫けば、人生の選択肢が狭まる」という意味に解釈できるのです。結果として、人間関係も絞られるでしょう。分かりやすい例として恋愛を考えます。

意＝意志＝思い

自分の「意志・思い」が「好きな人」にとらわれると、どんなことが起こってくるでしょう。

心の機能として「知」においては理性的・客観的に「今度の誕生日に何をあげよう」「今頃何してるかな」などといつも思い、「情」においては「好きだ！　会いたい！」などといつも思います。

脳の機能として「受容」に関しては、勉強や読書よりも「好きな人」に関する情報収集が大事に思えてきますし、目も行きます。「記憶」「学習」「思考」についても似たようなもので、「好きな人」に関連したことがメインになります。「表出」つまり告白に関しては、なかなか勇気の要るところですが、おそらく頭の中は「こんな場所で」「こんなタイミングで」といった考えでいっぱいでしょう。このような状態こそ「思い」にとらわれ「窮屈」な状態（本人にとってはそんなことどうでもいい）なのではないでしょうか。

このように「意志・思い」は心と脳の機能全般に対して大きく影響しています。そして、「知」や「情」といった心の機能、そして情報処理である脳の機能に決定的な影響力を有するがゆえに、心そのもの・人格そのものであるとされる場合もままあります。デカルトの記した「我思う、ゆえに我あり」に従えば、「思い」は存在そのものであるともいえるのです。

私が「心」と表現するものも、この「意志・思い」であり、「どんな意志・思いであるのか」という意の質的な面なのです。

「なんだこの本は、『意』の部分だけを取り扱ったものなのか」と思われる方もいるかもしれませんが、まとめますと、この意は心の機能、脳の機能全般に質的な面から大きく関わっており、「意＝意志＝思い」と解釈し、「心（思い）を伝える」「心（思い）を込める」「親の心（思い）子知らず」等で用いられる際の心そのものなのです。

そして、この心は力・知性・慈愛という三つの質的に異なる3要素に大別されるというのが本書の訴えることです。

「知・情・意」と「力・知性・慈愛」の関係を図示したのが図8です。この図の知は情報収集と思考について、情は快という情動について、意は意思表示という限定された意味で用います。

力とは

肉体を維持するためには、衣食住が備わっていなければなりません。先の章では、衣食住が満たされ、生命維持に関心を向けなくてもよい時間、そのような平和な時間を余暇と表現しました。

図8　「知・情・意」と「力・知性・慈愛」の関係図

機能／質	知	情	意
力	力に関する情報収集・思考	力を通じた快	力を意思表示
知性	知性に関する情報収集・思考	知性を通じた快	知性を意思表示
慈愛	慈愛に関する情報収集・思考	慈愛を通じた快	慈愛を意思表示

余暇を手にした人類が、飲み食いや排泄、寝ること以外の動きをあまりせず、何も考えないで、1日中ボーッとしていたら、つまり、自由意志をただひたすら無為に過ごすことのみに集中させていたのなら、きっと技術発展のスピードは格段に遅くなり、一方で戦争はあまり起こらず、平和だったのではないでしょうか。

「いや、そんなことはない！　ボーッとしていたら、他から侵略を受けてえらい目に遭う！」という考えもあるかもしれませんが、それは侵略する側の人がボーッとしていなかっただけの話です。

例えば現代の日本で、ある街の人々が仕事や肉体維持以外での活動を一切停止し、思考も停止します。家でだらだらします。すると数時間の空白の時間が流れます。街はあまり発展しなくなるかもしれませんが、犯罪や自殺もほとんどなくなることでしょう。なぜならボーッとしているからです。無為な時間、無意味な時間、ナンセンスな時間がただただ過ぎてゆくのです。

現実を見ます。昔から人類は余暇を無為に過ごしてきたでしょうか。そのような時間もあったこととは思いますが、人類の歴史はアクティブです。どうも、人間は無意味な時間というものが大の苦手のようです。自由意志を主体的に発揮する機会に飢えています。余暇という自由な時間に、自らいろいろな意味付けをします。

それでは、人間が余暇を得て、自由意志が発揮されるようになった初期の段階、数千年前において、自由意志は何に向かったでしょうか。この時代には、生命の心配はないといくら言われても、どうしても生き残ることに関連した衝動や欲望、肉体的本能を満足させることに心は向かってしまったのではないでしょうか。今日食べられて生命を維持できれば、次には「もっとたくさん食べたい、もっとうまいものを食べたい。隣の人よりも」と発展するのは自然です。人間の脳の進化を見ても、生命維持に関連した部分が中心にあり、それがもともとの脳であり、その外側に知性的な部分等が継ぎ足されていった経緯があります。

この生命維持から大きく発展した心を力と表現します。私の定義する力とは、世俗的な価値に対する執着。つまり人間の欲望、欲求のことです。お金や品物等の物的報酬、地位や名誉等の社会的報酬は現代においても多くの人がそれを求めるゆえに、世の中を動かす原動力となってきました。これらの報酬を少しでも多く受けるように人は望み、時に他者と競争します。「立身出世だ。競争だ」といった感じでしょうか。逆に報酬が失われてしまうと、人はたいそう落胆し、憤り、場合によっては絶望します。そして、そのような逆境が訪れる予感に不安と恐怖を感じます。

様々な物的・社会的報酬を力として、ひとまとめにしてみましょう（図9）。力を得るためには、大なり小なり努力を要します。ところが努力をすれば手に入るのかというと、必ずしもそうとは限りません。努力をしても手に入らないリスクが存在します。このリスクを冒すことによって、力すなわちリターンを得ようとする試みは、歴史を紐解くまでもなく、現在でも広くなされている行為です。リスクを冒して力を得ようとする傾向は、女性よりも男性に多いのではないでしょうか。興味深いことは、必ずしも報酬が得られるわけではないし、もしかしたら得られない可能性が高いと分かっていても、リスクを冒して挑戦する行為そのものを求める場合があるということです。リスクを冒してリターンを得ようとする人の姿を描いた歴史の挿話を一つ見てみましょう。

図9　力から発する欲求・欲望

力への執着

古代ローマ帝国と地中海の覇権を争ったギリシャの国エピルス。エピルスの熱血王ピュロスはこんな調子です。

ピュロス　「わが帝国の力は絶大だ。ローマにも勝てる！」
参謀　「ピュロス王、ローマ人に勝つことができたら、その後どうします？」
ピュロス　「イタリア全土を手に入れる。ものすごい富と力を！」
参謀　「それからどうします？」
ピュロス　「豊かなシシリーを取ろう！」
参謀　「それで終わり？」
ピュロス　「リビアやカルタゴをほっとく奴があるか！」
参謀　「その次にはマケドニアを奪い返し、ギリシャを支配しましょう。しかし、それからどうしましょう？」
ピュロス　「……そうすればうんと暇になるから、毎日宴会をやって、集まった者同士気持

図10　リスクが快体験をもたらす

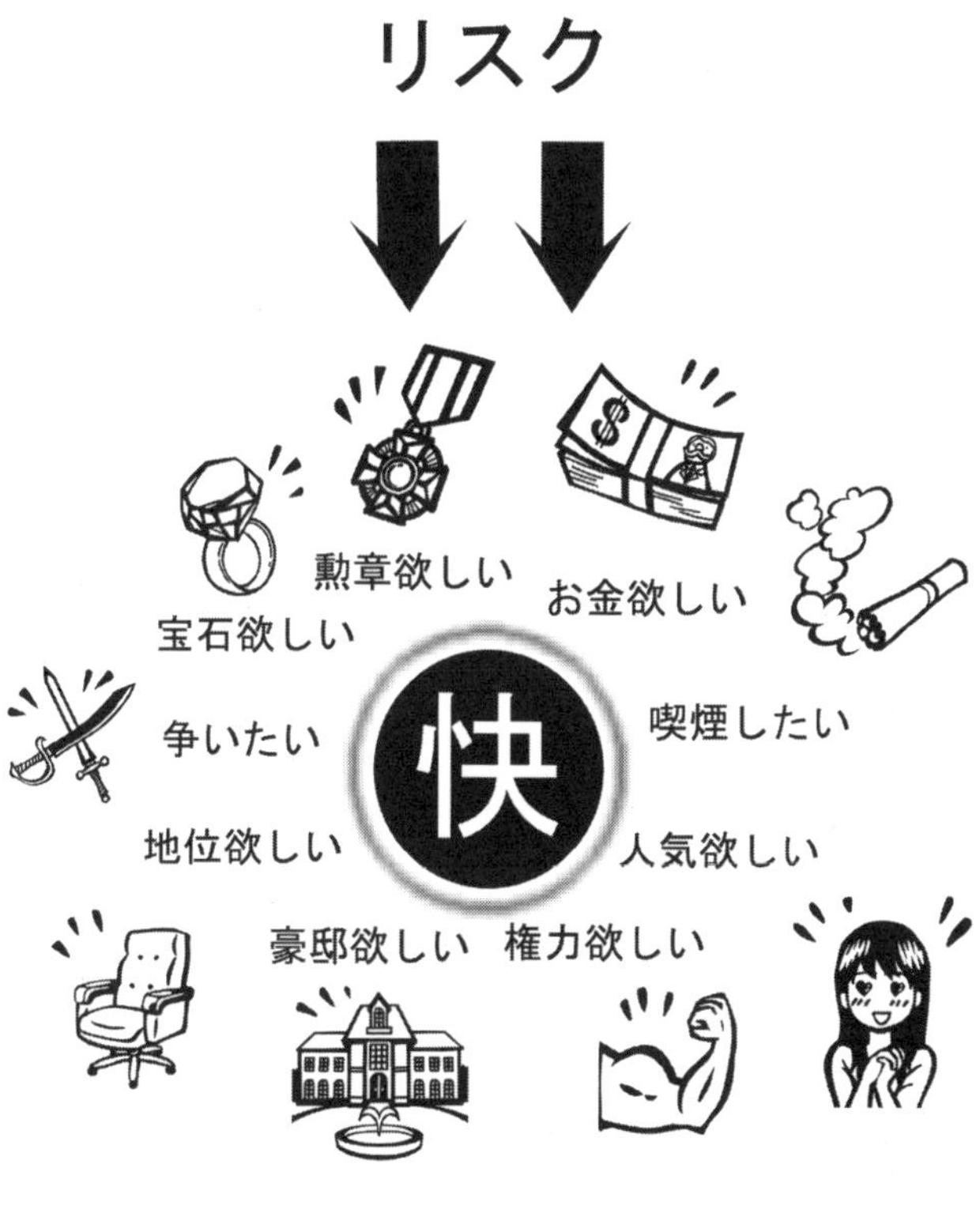

ちょく語り合うさ」

参謀　「では、今ここで酒盛りをしたり、互いに暇を楽しんだりできるのに、なぜ血を流したりえらい苦労や冒険をしたりしてまで、その楽しみを手に入れなければならないのですか？」

この参謀の、無益な戦は控えましょうという意見はごもっともですが、人間、そんなことで挑戦をあきらめる生き物ではないことを、やはり歴史が物語っているのです。

人は物的・社会的報酬、力を得ようと努力し、時にリスクを進んで冒して行動します。これを力の次元として表現します。この次元を科学的に解釈するならば、力の次元においては、物的・社会的報酬の獲得やリスクを冒すという行為によって、脳内報酬系と呼ばれる経路が刺激され、様々な脳内物質が放出されることにより〔注9〕、快体験を得ていると解釈できます（図10）。

現代においても、家庭内の児童虐待〔注10〕に認められる共通点は、虐待する立場の親が一様に教育目的であった旨を述べるのですが、実は虐待そのものが親の攻撃的習性を満たし、快体験を得るための手段になっている場合があるのです。さらに、近年、薬物依存〔注11〕が社会的な問題となっております。薬物依存はまさしく我々の心をとらえる力の究極の姿であり、直接的脳内報酬系の刺激であると言えます。それに手を染めるとき、人はそれによって得られる結果、すなわち数々の弊害を無視しているのです。

現在の資本主義経済の繁栄や物質文明の繁栄を見れば、その原動力となる人の欲望、力の要素は否定しがたいものです。しかし、それに執着し過ぎることによる弊害も、私たちは食べ過ぎによる健康への悪影響、戦争や環境破壊など様々な形で目にすることが可能です。分量をわきまえれば良薬となる薬も、飲み過ぎてしまうと思わぬ副作用を生み出す可能性だってあるのです。

心の中の力については様々な解釈がこれまでなされており、仏教では煩悩とされ、人間の思い悩みの根源であるとします。キリスト教では罪と表現し、神の傑作であった人間が神に背き、堕落していく原因だとしています。陽明学では私欲とし、人間がその心の中に本来持っている良知を曇らせるものであるとします。科学的には脳内報酬系の刺激、脳内物質の産生、快体験の獲得につながるものです。

それでは、おおよその定義を理解していただいた上で、その特徴について考察してみましょう。

「満たして」の状態

力に偏ったとき、心は飢え・渇き、「満たして」という状態になります。そしてそれは、残念なことになかなか満たされないのです。なぜなら前述したように、力の次元は脳内物質が放出された状態ですが、それは消費されてしまうからです。脳内物質がせっかく産生され、結果としてあるものを得たり、あることを達成しても、脳内物質は消費されてしまうため、人は再び脳内物質を求めるようになるのです。退屈な日常より、刺激のある非日常がいいという傾向が強まり、もっと他のものを、もっとよいものをという欲求に結びつきます。

結婚生活を例にしましょう。表面的欲求のみで夫婦生活を開始してしまうと、それが表面的であればあるほどに、夫婦間の蜜月は短くなってしまいます。なぜなら、表面的魅力は年とともに失われていくものであり、結婚して初めて、他にも魅力的な異性がたくさんいることに気が付くからです。力に偏った男女間の結婚は、もっと他のものを、もっとよいものをという誘惑に抗しきれなくなる可能性が高くなってしまうのです。

「満たして」の状態は、満たしてくれるのか、くれないのかという損得勘定に結びつき、自分にとって損か得かの価値判断がすべてになってきます。脳内報酬系の刺激につながり、満たしてくれるものは善であり、快体験につながらない、満たしてくれないものは悪なのです。そしてこの損得勘定を成り立たせるために、様々な条件設定を行います。前述の若いかどうか以外にも、人気のあるなし、自分のことを好きか嫌いか、裕福貧乏、地位のあるなし、肌の色、強い弱い、同じ信条か否か等々です。「あの人は今景気がよさそうだから仲よくしておこう」「最近景気が悪いみたいだから少し距離を置こう」となってきます。

また、「満たして」は不足の思いであるとも言えます。いつも「足りない、足りない」

と思っています。これは、実際に不足しているという場合も確かにあるかと思いますが、人が時間を認識して、過去を思い出したり、未来を想像する能力を有することとも関係しています。現状は満たされていても、過去にもっと報酬を得ていたと考えれば、現状では不足なのです。それと同様のことが未来を考えることによっても起こってきます。先のことを考えると不足なのです。つまり、今年は豊作でも、来年は凶作かもしれません。今は人気のある歌手も、来年は人気が落ちるかもしれません。「今は十分でも、将来を考えると足りない、さあ大変どうしましょう」となるのです。一見すると将来を心配することは合理的で必要なことのように思えます。しかし、足ることを知らない不足の思いは、それにとらわれ過ぎると、現状を肯定し、感謝する気持ちが薄らいでしまいます。それによって、人は常時不安に駆り立てられ、不足の思いに拍車がかかってしまうのです。

さらに考えれば、「満たして」はお菓子を親にねだる子供の態度であり、その充足は外部に依存するということを意味しています。すなわち欲求を満たしてくれるのは自分ではなく、自分以外の外部のものであり、それゆえ外部の変化によって自分の人生を容易に変化させます。前述の結婚を例に挙げれば、若さは次第に老いへと変化するため、若さを求め続けるならば相手を変えなければなりません。金銭であれば大金を手にすれば大喜びしますが、借金が増えると絶望します。例えば何らかの外部要因でどん底の絶望を味わっていても、１枚買った宝くじが大当たりし大金を手にすれば、さっきまでの絶望はふっ飛び、大喜びするのです。戦時には他国を攻撃したことを誇り、平和時には他国にどれだけ物を売ることができたかを誇ります。

力の次元は身の回りの外部環境が変化すれば、容易にそれに左右されるため、主体性に乏しく、不安定であり、受動的な心ということができます。「節操がない」という状態でしょうか。しかしながら、実際に脳内物質を得るためであればその方が都合がいいのです。

どんどん引き寄せられる

イギリスのＪ・Ｒ・Ｒ・トールキン作の「指輪物語」〔注12〕は映画にもなりました。

一つの指輪はすべてを統べ、一つの指輪はすべてを見つけ、一つの指輪はすべてを捕らえ、暗闇の中につなぎ止める、とあります。物語に登場する冥王サウロンの指輪が有益なものであるか、無益なものであるのか。それは人の心のあり方で決まるのです。強い魔力に偏った、自分中心で唯物論的な心にとって、強い魔力を持つ指輪は途方もなく有益で「欲しい！」となります。反対に平和で、皆が幸福であることを望む心にとって、指輪は有害で「破壊すべき！」となります。

こう書くと指輪を欲する人と、葬ろうとする人が半々のように感じます。ところがこの指輪を葬ることができる人はほとんどいないのです。最大の壁は自分の心の中にある力の部分です。最初は力など気に掛けない平和な小人が、指輪を身近に置くことで、徐々に猜疑心が強くなったり、攻撃的になったりしてきます。しまいには「この指輪はやっぱり自分のものだ！」となってしまうのです。実はこの指輪、スポーツ選手のドーピング程度の能力なのですが、それを求める人々の欲望の力というのが半端ではないのです。そして、欲望の力は物語を飛び越え私たちの現実の世界にも及んでいるではありませんか。つまり「指輪物語」の指輪は力、欲望の象徴なのです。近づけば近づくほどに、自分のものにしたいという思いが強くなり、徐々に自分を見失っていくのです。このことは力の次元が、私たちの心を磁石のようにどんどん引き寄せる特徴があることを示しています。ギャンブルや薬物依存等は分かりやすい例であり、最初からすごい大金で勝負に出たり、大量に薬物摂取するわけではないのです。最初はほんの出来心でおっかなびっくり始めます。徐々にハマってしまい、ハマるとどんどんエスカレートしていきます。この場合の無我夢中とは、まさに力によって完全支配された状態なのです。

他人も力を求めている

力に偏ると、自分だけでなく他人も力に偏っていると、勝手に決めつけてしまいます。前述の指輪を引き合いに出すと、隣人は指輪をめぐる競争相手となり、争いが生まれるのです。資本主義経済における自由競争の浸透した社会に生きる私たちにとって、この競争原理は一見すると健全なものに映ります。ところが、競争がエスカレートすると、同じ力量の持ち主同士が競争するのみでなく、男女間、人種間、世代間の争いにつながるのです。具体的に現実を見てみましょう。

現在、世界には公表されているだけで約2万発の核弾頭が存在し〔注13〕、地球上の生命を4回滅亡させる破壊力を有しているとされます。猜疑心に振り回された、軍拡競争の結果です。これを将来解体処分したり、誤って使用してしまう世代というのは、製造した世代ではなくその下の世代、もしかするとこれから生まれてくる世代かもしれません。

また、アマゾンの森林は毎年大変なスピードで破壊されていますが〔注14〕、これを修復するのも破壊した世代ではなく、その下の世代なのです。すなわち、私たちは将来を担う子供たちや、さらにその子供の財布に手を入れて、将来的なツケの形で、彼らの資産を抜き取っているのです〔注15〕。これはまさしく、世代間の競争ということができます。このような重大な将来へのツケは、力に執着した人間からすれば、生きていく上で当然のことであり、非難を受けることのようには決して思えないのです。なぜなら、他人は力を求める競争相手なのですから。

力以外のものを認識できる——絶望は希望の始まり

心の中に力の存在をはっきりと自覚したとき、人は人生に絶望を感じます。しかし、闇があることによって、光は明らかになります。力の存在をはっきりと認識することで、初めて力以外の要素がはっきりと見えてくるのです。力の認識とそれ以外の存在について、夏目漱石の「こころ」と映画「ミッション」〔注16〕に描かれた人間模様を眺めてみましょう。

私が「こころ」を初めて読んだのは、中学3年生の夏休みでした。主人公が先生と慕うある男性の過去を中心に話は進みます。先生にはかつて友人がいました。若き先生は友人から恋の悩みを打ち明けられます。そして、友人が下宿先のお嬢さんに恋心を抱いていることを知るのです。ところが若き先生はそんな友人の気持ちを知りつつ、自分がお嬢さんと結ばれるよう行動し、結果として結ばれるのです。私が高校1年生のとき、国語の授業で「こころ」が題材として扱われました。ちょうど、先生の裏切り行為と友人の自殺が主な内容でした。

期末テストに友人の死に関する問題が出ました。〔友人の残した手紙に、「こんなことなら、もっと早く死ぬべきであった。」とあるが、もっと早くとはいつのことか。〕という問題です。友人（若き先生）に裏切られた時点というのが正解らしいのです。ここで〝らしい〟とわざわざ書くのは、もう少し違った読み方があるのではないかと思うためです。「こころ」を単にトレンディードラマに出てくる三角関係のもつれと捉え、友人は失恋と友人の裏切りにショックを受けて死にました。と解釈することに対して納得がいかないのです。私はここに力の要素を当てはめて考えてみます。若き先生は友人に相談を受け、友人の気持ちを知ったからこそ、改めてお嬢さんに異性としての関心を持ち、裏切ることを承知で抜けがけしたのではないでしょうか。

力の世界は弱肉強食、嫉妬、裏切りの世界。かえって友人は先生に秘密でことを進めていれば、先生もお嬢さんに強い関心を持たず、うまくいっていた可能性が高いのです。

昨日の敵は今日の友、今日の友は明日の敵。

力の世界は一見すると理不尽で無秩序に見えます。しかし、この世は脳内物質をめぐっての生存競争であると考えれば、先生の行動は納得できるものです。そして、力の世界は戦争や冷徹な外交のただ中にある現代人にとってみれば、現実そのものなのです。

友人は単に失恋と裏切りによる傷心のみで死んだのではなく、この世の一切が力によって支配されているという、深刻な絶望の淵に立ち、そこから抜け出すことができずに、自ら死を選んだというのが私の解釈です。そしてさらに、過去を告白した先生の苦悩は、友人の死後も、自分の中の力が引き寄せた奥さんを見るにつけ、力の誘惑に絶対的に無力なる自分の姿を痛感させられるという意味において、友人よりも深い絶望だったのかもしれません。

「こころ」はこれで終わり、先生がその後どうなったのかについては、読者が想像するに任せています。「こころ」が作品として誕生した背景には、まさに西洋諸国の圧倒的な工業力と野心の前に、この世界を飲み込む力の存在を日本人が目の当たりにし、力の世界に目を醒ました日本人の絶望的希望があったのだと思います。力の道に進むことになった祖国を見て、夏目漱石は絶望を感じたのか、希望を感じたのかは分かりません。しかし、答えは彼の死後30年して、原子爆弾の投下という形で現れてくることになるのです。

「こころ」が出した宿題、力に身も心もゆだね、生き抜く道を選ぶか。力以外のものを求めてさまよう道を選ぶか。映画「ミッション」はその意味で「こころ」の先の展開が描かれている作品です。時代と場所は違えども、驚くほど設定がよく似ています。映画では18世紀、スペイン支配下の南米で、奴隷狩りをする兄が、1人の女性をめぐって愛する弟を殺してしまい、絶望の淵をさまよいます。兄が自殺したことをにおわせて話が終われば、「こころ」とほぼ一緒の話です。ところが「ミッション」ではここからが話の始まりなのです。絶望し食事も受けつけない兄は、今まで自分の人生が力によって支配されていたことに気付き、力から脱して、全く別の人生を歩むようになります。つまり、自分の行動を決定付ける心が、脳内物質を過度に追求することをやめたのです。ここから学ぶことができるのは、力の存在を心の中にはっきりと自覚したとき人は絶望に陥りますが、しかしながら、その絶望の内にこそ力以外の道を探る希望があるということなのです。これは、パンドラの箱の底から、希望という光が最後に出てきたという話とも重なります。
絶望は希望の始まり、希望とは心の中の知性と慈愛です。

知性とは

大切なのは疑問を持ち続けることだ。
アルベルト・アインシュタイン

心には知性に向かう要素があります。私の定義する知性とは、真理、万物の法則、ルールへの憧れであり、物的・社会的報酬への憧れとは全く異なります。具体的には科学的、数学的法則等です。まさにこの世のルールであり、人の思い描く欲望の及ばない部分です。及ぶのなら真理ではありません。ここで私がペンを手放せばペンは落ち、碁を打ちながら大差で勝ちたいと思っても、思いつきで打ったら勝利すらおぼつかないのです。

個人の欲望、欲求と離れた別の次元に知性は存在します。また、真理を美と考えるならば、絵画や彫刻、音楽等による美の創造的表現も知性であるといえます。力が個人的な脳内物質の追求であり、個人の死とともに消滅するものであるのなら、知性は個人の死に関係なく残るのです。２４００年前、ソクラテス〔注17〕はギリシャにおいて、人生の本質が快楽の追求、つまり力の次元にとどまるのではなく、隠れた真実の発見、真理の追究にあり、それを通じて徳を磨くことだと述べました。そして、自分は決して真理を知らないのだという「無知の知」こそが、知性の始まりであるとしました。西洋科学は自分の主観から離れ客観的にデータを収集し、普遍性のある真理を見出すことに始まりました。コペルニクス〔注18〕が地動説を証明したように、人の心がそうであって欲しい、そうに違いないと規定しても、科学的真理の前には意味をなしません。力はこの世界で圧倒的な影響力を有していますが、真理に基づく知性の前には全く歯が立たないのです。聖書においては「蛇のように賢く、鳩のように素直であれ」とあります。正しい知性を有することは神からも望まれている姿であるとしているのです。

知性は力と同様、我々の実生活に形となって現れます。技術としてです。西洋においては主に力を補完し、自然を征服するための道具として、東洋においては主に他者や自然との共生を補完するための生活の知恵として、技術が発展していきました。

客観的に得られるデータを、鳩のように素直に謙虚に解析して、真理を積み重ねていくという勤勉な努力の上に、時には力の次元からの猛反発を受けながら技術は発展します。

まさに、無知の知があって、初めて真理と向き合い、技術発展が生まれるのです。このような真理の発見、技術の向上は脳においてのみなされるわけではありません。武道やスポーツ等の分野では、身体も使って技術の向上がなされます。

知性に向かい技術を高める

吉川英治による「宮本武蔵」〔注19〕は世界中の人々に感銘を与えた作品です。剣の道を究めんとする若き武蔵が、次第に人生の道を究めようとしていく様子が描かれています。その中にこんな象徴的シーンがあります。

諸国を巡り歩いていた武蔵はあるとき、通りから陶芸家の後姿を目にし、その仕事に打ち込む背中に見入るのです。そしてしばらくして、手を合わせ去っていくのです。強くなることにのみ関心があるのであれば陶芸家の後姿は目に入らないはずですが、ここでは陶芸家の技の中に、武蔵を引きつける何かがあったのであり、同じ真理を求める同志として何かを学んだ姿が描かれているのです。

私は学生時代、空手道に夢中になっていました。未熟なうちは組手の試合において、闘志をみなぎらせ、肩をぜいぜいといわせながら相手に向き合ったものです。初段となり黒帯を締めるようになったあたりから、組手のスタイルは一変しました。必要以上に勝ちを意識し固執せず、練習の成果を思う存分発揮すればよいのです。試合は自分の技術を試す学びの場となりました。勝とう勝とうの組手ではなく、いかに動くことが最も有効かという知性に頼むものとなってきました。この相手にはこのような技が有効であろうから、相手をその方向にうまく引き込むといった陽動作動も考えられます。例えば、以前は連続技で突進してくる相手に対し、自分も体当たりで拳を繰り出し、その強さで勝ち負けを決していたのですが、これは大変危険です。相手が突進してきた後に体をさばいて、正中を一瞬にしてずらすことを覚えました。相手が突進してきたら左に体をさばきます。すると慣性の法則で相手は私をすり抜けていきます。その際に一撃を加えるのです。相手はたまらず地面にひっくり返ります。その前段階において、私は右へ右へと相手を誘うものですからさらにこの技は有効になります。「柔よく剛を制す」とありますが、勝ち負けに極端にこだわらず、知性に向かい技術を高めた結果として試合でも勝利を得たのです。

アメリカの有名なゴルファー、ボビー・ジョーンズ〔注20〕は、目の前の対戦相手に惑わされず冷静にゴルフをプレーするため〝オールドマンパー〟（パーおじさん）という概念をもってプレーしました。若き日のボビーは闘争心が強い性格で、一緒にラウンドするライバルに勝つことばかりを考えてプレーしていましたが、相手のプレーに気を取られ、集中力を失う場面が幾度となくありました。そのような悩みの中で辿り着いたゴルフの真理がオールドマンパーだったのです。ゴルフは人と競うためのものではない。そこにあるコース、自然と向き合い、いかにパーを狙うのかにある。見えないパーおじさんとプレーしているのだ、と考えるようになってから大いに活躍できるようになったのです。

スポーツや武道を通じて学んだこと以外に、私が歯科医師として治療技術を向上させていく上で、具体的に真理と出会った経験の一端を紹介します。局所麻酔は歯科治療における一般的な除痛法ですが、注射部の傷跡は患者様にとって大変不快なものです。「治療した歯は痛くないけれど、麻酔をしたところの歯ぐきが痛い」という現象はなるべく回避したいものです。注射後の組織損傷の主な原因は何だろうか。大学卒業後の私は考えました。同僚や先輩にも意見を聞きましたが、彼らの答えは、「そんなこと気にしたことはない」という意見と、「組織表面の細菌のせいでは」「麻酔薬の成分のせいでは」という意見におおむね分かれました。

気にしないという前者の立場は思考停止状態であり、運よくこれまで大きなトラブルがなかったとしても、今後もそうとは限りません。局所麻酔に関して、すでに自分は知り尽くしているという立場です。術者のプライドは保たれるかもしれませんが、私の知性は満足できないのです。自分なりの原因考察、予防処置を行うという後者の立場のほうが、より真理に近づいた立場であると思うのです。

あるとき、同じ質問を組織構造をよく知る先生にさせていただいたところ、「麻酔薬を注入する圧、スピードだね」という回答をいただきました。これは、私が組織の教室で研究していたおかげもあって、即座に理解できました。歯肉組織は上皮の下に結合組織といった線維構造があるのです。網の目状に線維が走っているイメージです。ここに、高圧、高スピードで麻酔薬が注入されると、どうなるでしょう。網目を構成している線維はちぎれてしまい、細かい組織も損傷する可能性があります。それでは逆に、低圧でゆっくり注入した場合はどうかというと、線維の網の目はちぎれず保存されるのです。細菌や麻酔薬の成分の影響もゼロではありませんが、圧、スピードがキーポイントだったのです。結果として、組織損傷はほとんどなくなりました。理解したつもりでいたい、という力からの欲求を抑え、謙虚に真理を学び、探究して、技術を向上させた一例です。

近代科学の発展は目覚ましいものがあります。しかし、真理の探究は一部の科学者が担い、他の人はそこから得られた技術発展の恩恵に浴するのみでよいということではありません。吉川英治が「自分以外の一切を師と仰ぐ」と述べていたように、真理の前に謙虚となり、自分自身が無知であることを知ったとき、人は真理を求めるようになります。この真理はあらゆるものの中に隠されているのです。真理に近づく方法は無数の道であり、万人が自分のペースで光り輝くゴールに向かって進むことができます。異なる山道ではあっても、そのゴールはもしかしたら同じ頂となっているかもしれないのです。知性の次元の特徴を考察してみましょう。

「何？　どうして？」の状態

人生が幼少期において肉体的欲求から始まることは、生命を維持する上でも必要なことです。しかし、それのみに飽き足らず「何？　どうして？」の世界に入り込みます。物事の理を知りたがるのです。親、教師もしくは書物により、この次々湧き出る疑問が解決されると、どうもこの世界は無秩序に動いているのではなく、様々な法則、ルールが存在すると思えるようになってきます。そして、自らの手で疑問に対する答えを発見するという経験を通じて、この世に人知を超えた真理が存在することを確信します。そして、様々なものの中に隠された真理を追究するようになります。技術も多分野に及び、一つひとつが深く洗練されたものとなるのです。

力の次元が「満たして」の状態であり、それは物的・社会的報酬を通じて脳内報酬系への刺激・快体験を求めている状態であると述べましたが、そのような力の次元は人間以外の動物にも認められるものなのです。それに対し、知性の次元は必ずしも快体験を追い求めたものではなく、むしろ自分の無知を知らされるという意味において、プライドを傷つけられ、力の次元では不快と感じる場合すらあるのです。「え！　そんなことも知らなかったの？」と言われてみれば、穴にでも入りたくなる気持ちになりますが、知らないままでいるよりも、恥を忍んで知りましょうという人間特有の意志です。このように物的・社会的報酬から離れて真理を追究する行為は、人間に特有の高次脳機能によるものなのです。

ところが不幸なことに、発育過程において知的欲求が満たされず、肉体的欲求へと心が誘導された場合、例として、親が育児から解放され、自分の自由な時間を生きることを優先し、子供の知的欲求をテレビやゲーム機器のような刺激でごまかしてしまうと、様々な問題が生じる可能性があります。この世には、目には見えない真理、ルールがあることに気付くタイミングが遅れてしまうのです。ここから危惧すべきは将来的な知性への無関心、ひいては社会における技術力の低下です。

同じ道を歩む友

東洋においては真理につながる過程を道に例え、真理の探究を「求道」と称します。武道や書道、茶道など、様々な道が伝統として受け継がれていますが、その道は長く、時に険しく孤独でもあります。その辛さゆえに同じ道を歩む他者に対して、人は共感を覚えるのです。力つまり利害関係のみで結びついた人間関係よりも、同じ道を通じて結びついた人間関係には温もりがあり、深みがあります。そしてお互いが真剣に深く道を探求すればするほどに、結びつきも深くなっていきます。このような知性を通じたつながりは、真の社会性へと発展するものであり、力において孤立した人間は、知性において他者と、そして普遍的真理と結びつくことができるのです。

空手道に夢中になった学生時代、確かに稽古・試合は厳しかったのですが、その厳しさを通じて、私は「以武会友の精神」、すなわち武道を以って友に会うという精神に触れることができました。そして、そこで出会った友は利害関係の友ではなく、真の友だったのです。

あらゆるものに真理がある

特定の研究対象、スポーツにとどまらず、日常のありとあらゆるものの中に真理が存在します。したがって求道の対象、道のりの長さには制限がありません。人の生き方に道を見出し、人生道を歩む人も数多くおります。この考えに立てば、夫婦、親子、職場、あらゆる人間関係において、お互いが同じ人生道を歩む仲間であるということができます。すべての人がその人本来の人生に真剣に取り組み、道を究めていくといった価値観の共有は、社会に一体感を生み出します。あらゆるものに道はあり、人はそれらを通じて、あらゆるものとつながることができるのです。

心にも真理があるという観点は、この意味でとてつもない可能性を秘めた考えなのです。自分は心を有していると思う人は世界中にたくさんいます。この心に真理があり、皆が努力し、時に協力して心の真理を追究することができれば、お互いの間に真の友情が芽生えます。時間や空間を超えてつながることができるのであるならば、肌の色や年齢、まして人の作った決まりごとなど、なおさら互いを隔てる壁とはなりません。心に知性の目を向けることは、この本が存在する理由でもあります。

知性は死も超える

力の次元で得られるものは個人的なものです。なぜなら産生された脳内物質はその人の脳でしか作用しないからです。個人の快体験は個人の死によって（時には数秒で）消え去り、他の人々にとっては無価値なフィクションとなる運命を持つのに対し、知性の次元で得られたものが、この世に関する真理であれば、その真理は個人の死後も残り続け、世代を超えて有益な財産となります。森の中で迷っても目印を残しながら歩いたり、方角を知る術を持っていたならば、抜け出すことができるのと同様、真理の蓄積は後の世代が同じ過ちを繰り返さず、発展する上で極めて重要なものです。

さらに音楽や絵画、文学など芸術的、普遍的な道の追究は、文化的な発展として後の世代に受け継がれ、世代を重ねるごとに深みを増してゆきます。知性は互いを隔てる壁だけでなく、死という壁すら飛び越えてしまうのです。

知性はそれ自体が客観的、理性的なもので、あまり自己主張しないため、「力」もしくは後述する「慈愛」のいずれかと結びつき、私たちの実生活に大きく関わるようになります。ある科学的知識を力の次元で応用することもできれば、慈愛の次元で応用することも可能です。この結びつきについては後に詳しく記します。

慈愛とは

私にとって大切なのは、群集としての人々ではなく、個々の魂なのです。

マザー・テレサ

慈愛は、キリスト教で愛、仏教で慈悲心、儒教で仁であるとされます。親が子を助けるために身代わりとなるような場合、「力」とも「知性」とも異なる別次元の心の働きがあります。生命に関わらなくても、往々にして慈愛は自己犠牲を伴います。

例えば、父親が休日に家族旅行を計画したとします。妻が「ホテル内のエステに行ってみたいわ」と言ったなら、「行っておいで、子供はプールで遊びたいみたいだから、僕はプールでとことん遊ぶよ」と言ったとします。

本当のことを言えば、この父親はたまの休日に自分だけゴルフを楽しんだり、ベッドで横になりたいのですが、自分の欲求を満たすことよりも、妻や子に楽しんでもらうことを優先しているのです。

このような家庭であれば、旅行に行かなくても、家の中や近所の公園でも皆笑顔で過ごせるはずです。そういう親にとっては、目の前にある自分の欲求よりも、次世代の発展を望んでいるのであり、そこに力の次元特有の世代間競争は成立しません。むしろ積極的に自分を乗り越えて成長して欲しいと思うのです。

力の次元においては脳内報酬系への刺激を求めるのに対し、慈愛の次元では自分の欲求を抑えて、他を優先するという傾向が認められます。ラットを用いた動物実験では、出産後のラットが子供を放置してまで脳内報酬系への刺激を求めることが報告されております。これに対して、人間には脳内報酬系を離れて他を優先するという、慈愛の心が備わっているのです。知性と同様、これも高次脳機能ということができます。人間は非常に無力な状態でこの世に誕生します。そのような無力な状態から現在まで、他からの慈愛によって生きてくることができたのですから、慈愛は人にとって馴染み深いものであるはずです。しかし、水や空気よりもその存在が認識しにくいため、いつの間にか忘れ去られてしまうのかもしれません。

本来望んでいた無条件の愛は、力の次元が発達することにより見えにくくなります。成長とともに様々な競争やストレスにさらされ、愛という言葉に陳腐さを感じ、時に警戒感すら湧き起こります。ところがある対象に真の価値を認め、その前で自分の欲求を消し去ったとき、慈愛の心は生まれます。それでは慈愛の特徴について見てみましょう。

「ありがとう」の状態

「生まれたくて生まれてきたわけじゃない」

反抗期の子供がよく口にする言葉です。

自分の出生は両親の欲望の結果であり、自分がこんなに苦しい人生を歩むのは自分が被害者だからだ、という考えがあり、ひそかな思いとして広がっているかもしれません。

これに対する答えとして仏教の教えによると、魂は永遠不滅であり、何度も生まれ変わりを繰り返し、成長していくものであると教えております。そして、最大の学びこそ人間として生まれてくることのできた今生にあるとします。

ありがとうの語源は形容詞の「有り難し」に由来します。法華経の百八十二に

得正人道難　正寿亦難特

世間有仏難　仏法難得聞

とあり、意味は

人に生まるるのは難く　やがて死すべきものの　今命あるは有り難し
世に正法あることは難く　仏法の教えを聞くは有り難し

ということです。

私は、本書において魂を精神や人格として表現します。永遠なる魂は、この現実世界において、精神や人格として現れ、魂の成長は精神的成長や人格的向上という形で現れると考えるからです。「魂」と「成長」が「慈愛」のキーワードであると思うのです。仏教に従えば、苦しみに満ちた人生のスタートである誕生自体が、魂の成長にとって「めったにない」という意味の、「有り難い」ものであるとしているのです。確かに、人として誕生しなければ、人としての精神的成長は不可能です。したがって、精神的に成長する期間である、人生という時間は、有り難い、めったにない、かけがえのない時間であり、この人生という時間すべてに対して心の中はいつでも「ありがとう」

となります。そして、自己主張せずに我々の生命を育み、精神的成長を見守り続けてくれる空気や水、日光にも「ありがとう」となりますし、ましてその身を殺して私たちの日々の糧となってくれた動植物には、なおさら「ありがとう」という気持ちになります。

こうして、私たちの人生は単なる肉体の新陳代謝と動物的本能の満足、そして力の満足に本質があるのではなく、精神的成長のためにあるということを前提として、「ありがとう」と真に心から言えるのであり、自分の人生、自分を支えてくれる無数の他の存在に対して、真の愛を注ぐことが可能となります。慈愛の次元にあるとき、心には「ありがとう」の言葉が響くのです。

力の次元の特長である「満たして」が物的・社会的報酬といった外部環境に左右される従属的性質を持つ一方、「ありがとう」では、人生がすでに満たされたものであり、外部環境に左右されません。「ありがとう」は逆境や困難を含めたすべての環境が自分の成長に有益であり、「艱難汝を玉にす」という観点から、損得や利害といった条件設定を超越したものなのです。例えば、ある人を真に愛するとき、その人がどこの出身で、どんな過去を持ち、どんな仕事をして、自分のことをどう思っているかなどという条件付けは一切必要ないのです。逆にこのような条件に目が奪われれば、奪われるほどに愛する機会を逸してしまうのではないでしょうか。「私が愛するのは、背がスラッとして、二重まぶたで、頭がよくて、性格が温厚で、お金持ちの人です」となったら、その人は自分を愛せるでしょうか。他人を愛せるでしょうか。慈愛は無条件の愛なのです。

「満たして」における、過度の条件設定は、ありのままの自分を愛するということすら困難にしてしまうはずです。さらに、本来ならばすべてが有り難い、この上ない価値を持った人生という時間についても、力の次元では条件設定を行うことによって、「この時間は刺激があるから意味があり、この時間は刺激がないから無意味だ、暇だなー」といった具合に断片化され、バラバラの状態になってしまう可能性があります。結果として人生という時間の価値はぼやけてしまいます。

私の印象深い経験として、ある歯科医院に勤務医として2年間勤めた際に学んだことがあります。1年半勤めてスタッフとの関係もよく、順調だった頃、1人の衛生士が新しくスタッフの仲間入りをしました。その衛生士は年齢的にもベテランであり、プライドも高かったのですが、患者様や他のスタッフに対して横柄な態度が目立ち、私も何度か注意する場面がありました。自然と私とその衛生士の間には不穏な空気が流れ、私もストレスが溜まっていくのを感じました。

ストレスが爆発しそうになったあるとき、私はふと何故こんなにも怒りが込み上げてくるのだろうかと考えたのです。そして答えを発見しました。知らずしらずのうちに、彼女が私を尊敬しているか、好意的であるか、仕事に夢中に取り組んでいるか、優しく可愛らしいか等、ものすごくたくさんの条件設定をしていることに気が付いたのです。力の次元の特徴ですね。なかでも私のことを好ましく思っていそうもないという事実は、私の態度を硬化させているということに気が付きました。そこで、私は条件設定を取り払って彼女に接することに決めたのです。彼女が私をどのように思おうと、私に対して優しくなかろうと、「ありがとう」の心で接すると決めたのです。これは一見すると愚かな決断です。しかし、私がそのように接し始めた頃から、その衛生士は変わり始めます。患者様にとても優しくなりました。院内の雰囲気も明るくなり、とても満足いくものとなったのです。

また研修医を終了したばかりのあるとき、出張先の病院において若い新人スタッフから、「先生の治療には、刺激がないんです。だから私は仕事に対してやる気が起きないんです」と言われたことがあります。なるほど、スタッフに対して刺激を与えてあげることも必要かもしれません。しかし、根本的には　病院内におけるスタッフの業務は外科処置、高度で難しい処置のサポート等、刺激的なものばかりではありません。患者様に温かい言葉で語りかけたり、さわやかに挨拶したり、ガーゼやワッテを切って滅菌したりすること等、すべての業務が必要なことであり、「有り難い」ものなのです。あえて必要のない条件設定を行い、刺激のあるなしで業務に優劣をつけるということにより、仕事の価値が見えにくくなっている可能性がありました。

さらに、自分が向上し、スキルアップしていることを自覚できることが「刺激」なのであれば、その機会はやはりすべての業務の中に存在していると考えました。したがって、私はそのスタッフに刺激的な分野になるべく参加させるとともに、患者様との会話、器具の受け渡し等様々な場面において、私自身が「ありがとう」の思いを胸に、一生懸命の姿を見せ、すべての業務に「刺激」があるという姿勢を見せることによって、そのスタッフが「先生って、仕事のすべてが楽しいみたい」と感じられるように変わることを期待し、努力しました。そしてスタッフは少しずつ変わっていったのです。

心が慈愛に向いたとき、心の中には「ありがとう」の声が響き、すでに満たされているがゆえに、自分の私欲を無とすることができます。そしてさらに、自らが無となって他を支えることができるようになるのです。

大切なものは目に見えない

「100万回生きたねこ」〈注21〉という有名な絵本があります。その感動的な内容に絵本の持つ素晴らしさを再認識した私は、自分でも絵本を書こうと考えました。以下のような内容です。

あるところに砂漠だらけの乾いた星がありました。青い芽が出ようにも、芽吹いてすぐに枯れてしまいます。あるとき、水がやってきて水溜りができました。水溜りの周囲には草花が咲きました。その星は緑生い茂る星になりました。

あるところに埃だらけの荒れた星がありました。生き物が生まれようにも息ができずに死んでしまいます。あるとき、空気がやってきて空ができました。さわやかな風が生き物を優しく包みます。その星は生き物がたくさんいる星になりました。

あるところに青い星がありました。草も花も木も育ち、生き物もたくさんいます。でも争いばかりで幸せではありませんでした。あるとき、水よりも空気よりも見えないものがやってきて、不思議と周囲を照らし始めました。初めは誰もそれに気付かなかったのですが、少しずつ気が付いてきました。皆仲よしの幸せに満ちた星になりました。

五感で認識できないもの、特に目に見えないものは軽視されがちです。水、空気、慈愛は見えにくい反面、生命にとって欠くことのできないものです。力の次元では自分の存在を強調する傾向にあるものが、慈愛の次元では自分を消し去る傾向になるのです。まさにサン・テグジュペリが「星の王子さま」〔注22〕で書き記したごとく、「本当に大切なものは目に見えない」のです。

万物一体

キリスト教ではすべてのものが神の被造物としてこの世に創造されたものであり、そのすべてが神から愛されているとします。そして、すべての被造物は神の愛から生まれたものとして、愛によって結ばれているとしています。

仏教では「般若心経」に記されているごとく、「色即是空　空即是色」であり、色すなわちあらゆる事象、万物が空という仏教の根本原理により成り立ち、その空が万物を創造しているとしています。

陽明学においては万物一体の仁として、自分と万物はもともと一体であり、ゆえに他の苦しみは己の苦しみであるとしています。

イギリスのスピリチュアリズムでは、私たち人間は霊的存在としてもともと一体であり、その本来一体のものが霊的成長を達成するため、未熟な個々のレベルとなって、物質世界で様々な経験を積むとしています。一体化した完璧な状態ではそれ以上の成長が難しいのです。

ビッグバン宇宙論によると、一つのとてつもない高温・高密度の球体が万物の始まりであり、およそ１５０億年前に爆発的膨張が生じて宇宙が生まれ、現在でも宇宙は膨張し続けているとしています。つまり時間をさかのぼれば万物は一体だったとしているのです。

力の特徴に他との競争、争いが挙げられましたが、慈愛の特徴は逆に共生と親睦です。自他の和合、人種間対立の克服、世代間競争の終結などに結びつく心の動きです。世代間の問題に関しては、以前、「米百表」の話〔注23〕が注目されましたが、自分たちの世代と同様、将来の世代にも繁栄して欲しいと望むのであれば、自分たちが過度な消費をするのではなく、将来の世代のため有効に資源を活用し、そのための知恵を残そうとなります。

子供の教育については、親が直接時間を割くことができない場合が多く、親にとって得るものはないと思われがちですが、直接教育したり、学ぶ姿を見守ることで子供が育つということは、万物一体の視点から見れば、親自身も成長しているということになるのです。

さらには、子供に限らず、他者も精神的成長の過程にある人格として温かいまなざしで見ることができます。他者の精神的成長も自分の成長と同価値なのです。力の次元がともすると他者を競争相手として敵視するのとは対照的です。

自然との共生も最近ではよく耳にしますが、それは決して夢物語ではなく、つい百数十年前の江戸時代まで、日本人は自然とうまく調和して低成長ながらも文化的生活を営んでいたのです。

利他的精神

キリスト教の聖書には、人がその友のために命を捧げること、これに勝る愛はないとあります。そして、キリストが十字架につけられ死んだことについて、神がそのひとり子を世に遣わしたのは、人間の罪のあがないのため、世を救うためであったとしております。

このような命をかけた利他的精神ではなくとも、例えば親が力の次元の欲求を抑え、子供の遊びや教育に対し真剣に向き合うこと。夫婦であれば、自己主張に終始するのではなく相手の気持ちを十分に汲み取っていたわること。社会的にはボランティアに汗を流すことなどは利他的精神の表れです。

江戸時代、医師であり教育者でもあった坪井信道は医師として得た収入のほとんどを、後進の指導のための私塾に注ぎ込みました。その私塾で緒方洪庵は教育を受け、後に自らも医師となり適塾を創設、やはり私財を投じて後進の教育に没頭したのです。さらに、この適塾では慶應義塾大学の創設者である福澤諭吉が学びました。福澤は適塾の塾頭となり勉学に励みますが、同時に教育は愛であるという信念を、師の姿を通して胸に刻んだのです。

大正から昭和初期にかけて数多くの詩、童話を残した宮沢賢治は「雨ニモマケズ」〔注24〕の中で、他人から評価されなくても、時に理不尽な目に遭っても利他的精神を貫くことを表現しており、後に「皆が幸せにならない限りは（世界が全体幸福にならないうちは）個人の幸福はありえない」という言葉を今日の我々に残しているのです。

それ以外にも志を持った多くの人々が将来の世代、将来の日本に望みをかけ死んでいきました。彼らの思いに触れたとき、力を超越した慈愛の次元は圧倒的な強さで私たちの胸に響くのです。

心と現象の連続性

表面に表れない心と表面に表れる現象は、ばらばらに存在するわけではありません。パイ生地のように重なり合っています。図5と図7をつなげてみたのが図11です。

感覚器官で捉えた現象に対して心が反応し、心の表現として現象が生まれるということを繰り返しているのです。いくつかの事例を手本にこの連続性について考察します。

①1571年、室町幕府15代将軍・足利義昭は織田信長討伐令を出しそれに応える形で、武田信玄は信長の盟友・徳川家康の領地である遠江国・三河国に大規模な侵攻を行いました。1573年、2万を超える武田の軍勢は、徳川方、約1万が篭城する浜松城を素通りして、家康の目の前を悠々と行軍し、ついには三方ヶ原台地を通過しようとしていました。

図11

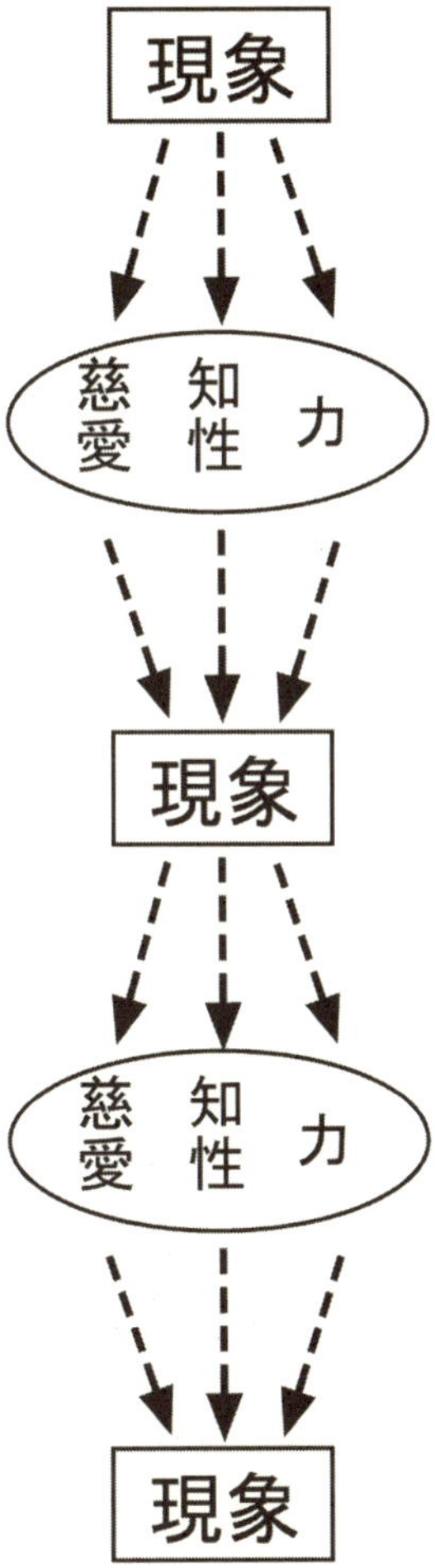
現象
慈愛
知性
力
現象
慈愛
知性
力
現象

図12

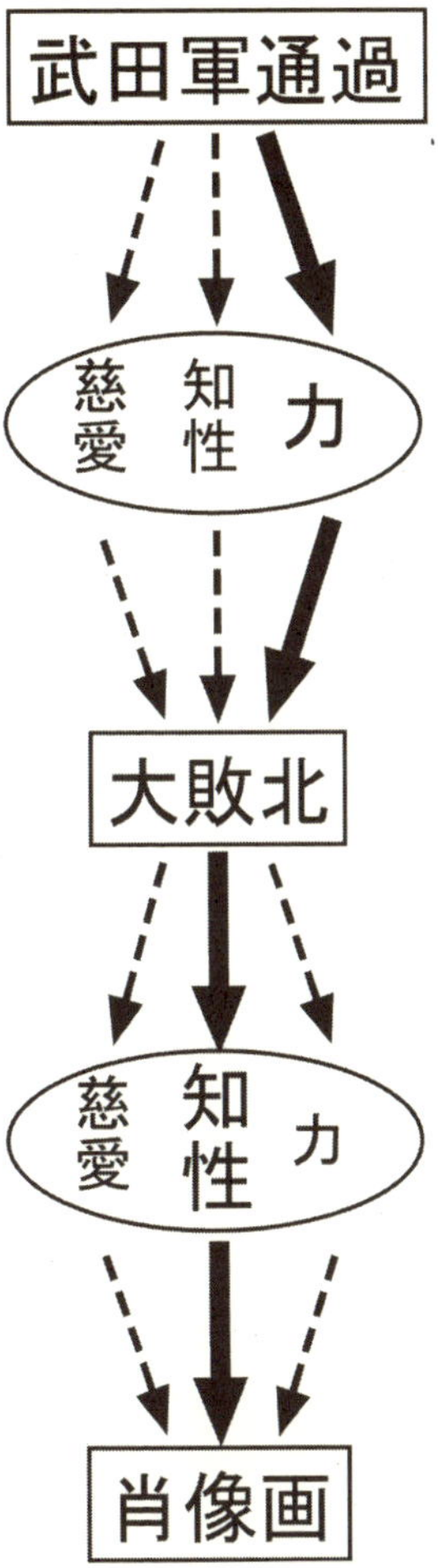
武田軍通過
慈愛
知性
力
大敗北
慈愛
知性
力
肖像画

通説に従えば、三河武士の面目を潰され、血気にはやった家康が、家臣の反対も聞かずに武田軍を背後から急襲しようと三方ヶ原に到着、夕刻より戦闘が始まり、2時間の戦いで徳川方は多くの将兵を失い、家康自身も討ち死に寸前のところを、なんとか浜松城へと逃げ帰りました。家康の大惨敗でした。城に帰り着いた家康は恐怖に打ち震えた自分の姿を忘れないため、絵師を呼ばせ、強張った顔の肖像画を描かせます。そして、慢心への自戒、血気にはやることへの戒めとして、生涯身近に置いたと伝えられ、その後の智謀による天下統一へとつながっていくのです（図12）。

②家庭内において、私は息子の歯磨き担当です。朝と晩の歯磨きは私の日課であり、スクラッピング法〔注25〕を駆使することにより、歯も、歯肉もピカピカです。

先日、私が息子の歯を磨くために座って待っていると、突然、私の膝に息子がつまずいて、転んでしまいました。「パパのせいだよ！」という息子の言葉に対し、私は「コラ！」と厳しく叱りつけました。自分が面白くないからといって、他人のせいにしてはいけません。次の日、私が椅子に座って本を読んでいると、息子は少し離れたところで、回転椅子に座りながらグルグル回転して遊んでいます。コツン。息子は私の座っ

図13

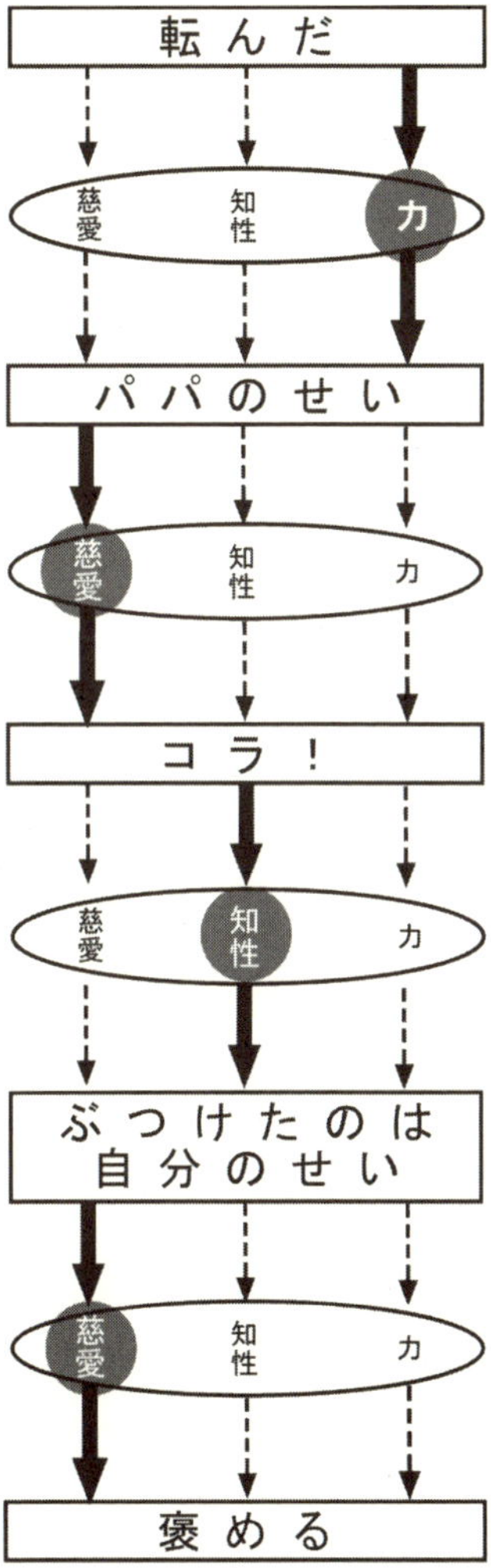
転んだ
慈愛
知性
力
パパのせい
慈愛
知性
力
コラ！
慈愛
知性
力
ぶつけたのは
自分のせい
慈愛
知性
力
褒める

ている椅子に頭をぶつけました。「誰のせい？」と私。ここでもし息子が「椅子のせいだ！」とか「パパのせいだ！」と言ったならば、叱ろうかと思いましたが、「自分のせい」と言ったので、頭を優しくなでて褒めました。

以上のように、心と現象は繰り返しながらつながっているのです。これを図示したのが図13です。これらの図から、いくつかの知性を引き出すことができます。

一つは、力の次元で生み出された現象が、必ずしも同じ力の次元につながるわけではなく、知性や慈愛の次元につながる場合もあるということです。徳川家康は三方ヶ原における敗北を、知性の次元で吸収し、後の人生に生かしたのです。このような心の切り替え能力は、天下を制するのに大きく貢献したと考えられます。普通の人間であれば、自分にとっての屈辱的出来事を忘れようと努めることはあっても、整理のつく間もなく、絵として記録しようなどとは夢にも思わないのではないでしょうか。

二つ目は、慈愛の次元は甘やかすこととは別であるということです。慈愛は人を魂として、人格として見るがゆえに、その成長を促すという過程において、時には「コラ！」という厳しい表現となって表れてくる場合もあるのです。「パパのせいだよ！」

図14　心の3要素と現象の関係図

心＼現象	行動の目標	人間関係	外部環境（物的・社会的報酬）との関係	具体的現象
力	物的・社会的報酬の追求「満たして」	利害関係 競争相手 敵対者	満足は外部環境に依存 外部に報酬を望む	生存競争・格差・いじめ・暴力・怒り・戦争・ひとりじめ・虐待・損得勘定・陰口・私利私欲・復讐・絶望
知性	真理の追究「何？どうして？」	知的交流 同じ道を歩む友 師弟	満足は外部環境に依存しない 内外部真理を追究	発明・発見・教育・哲学・学習・教訓・研究・探求・技術・求道・思索・好奇心・文化・記録・知的交流
慈愛	精神的成長「ありがとう」	自分と同価値 かけがえのない人 共に成長する仲間	満足は外部環境に依存しない 自他の精神的成長	優しさ・同情・共存・自己犠牲・親睦・協力・克己・和合・調和・癒やし・奉仕・ボランティア・平和・尊重・励ましあい

という息子に対し、感情的に虐待したならば、それは私が私を甘やかした結果であり、力の次元なのです。

「そうだね、パパが悪かったね、ごめんねー」と言ったら、一見優しい親に見えるかもしれませんが、実は息子を甘やかし、子供の成長を最も損なう可能性があるのです。したがって、それも慈愛の次元ではありません。

頭をぶつけた息子が「自分のせい」と言えたことに対し、褒めるのはそれがさらなる成長を促すためであり、「コラ！」(叱咤)、「エライ！」(激励)といった、正反対にも思われる表現が、同じ慈愛の次元から出ているということは、大変興味深いことではありますが、精神的成長、人格形成を促しているという観点から見れば、一貫しているのです。

上記の例のごとく、力の次元が戦争として、知性の次元が自画像として、目に見える形で表れやすい傾向があるのに対して、慈愛の次元は目に見える形として、物として表れにくい傾向があると言えるのではないでしょうか。

これら心の3要素と現象をまとめたものが図14です。

第3章
心の3次元

心を3次元空間で捉える

私の定義した力・知性・慈愛について理解していただけたでしょうか。

私たち人間は、人生の内面である心について様々な解釈を加えてきました。善の心・悪の心という少し極端な解釈もありましたが、ほとんどの場合、心のあり方を社会学的・倫理的・科学的・経営学的さらに様々な観点から、相対的に評価してきたのではないでしょうか。

21世紀に入り、アメリカの精神医学者であるデヴィッド・R・ホーキンズは著書『パワーか、フォースか』（三五館）の中で、様々な心を意識レベルとして数字化し、客観的に評価するという斬新なアイデアを提唱しました。キネシオロジーという筋肉の反射を用いて、様々な意識レベルのエネルギーを測定したという内容で、世界的なベストセラーとなりました。本の内容によれば、人間の意識はエネルギーであり、罪悪感、無感動という低いものから、欲望やプライドといった少し高いもの、さらに高くなると理性や平和といった意識があり、最も高い意識レベルが悟りの状態であるとしています。心を意識レベルと捉え、相対的に評価した内容は大変示唆に富んだものです。この相対的評価に加えて、私は心を３次元空間で捉えるという、新しい概念を提唱します。心の３要素を、２次元的な直線上に並べるのではなく、３次元的な広がりとして捉えることによって、心、自由意志の無限の広がりを表現することができるのです。

３次元とはどのようなことでしょう。いくつかの例を考えます。

立体的な形が存在するためには直交し、独立した三つの要素（Ｘ・Ｙ・Ｚなどの座標）によって構成される必要があります。物体の形状は一般的に高さ・幅・奥行きという三つの構成要素により、立体的に理解され、表現されます。そして、それぞれは完全に独立したものであり、本質的にはこの三つの間に、「高さよりも幅のほうが優れている」とか、「幅よりも奥行きのほうが正しい」などという相対的評価は意味がありません。

第１章で述べましたが、人が色を認識する際には赤・緑・青の３原色で認識しています。赤と緑と青にそれぞれ反応する３種類のタンパク質が存在し、電気信号に変えて脳へと送っています。さらに近年、様々な色を３次元的に表現する技術〔注26〕が広く利用されています。赤・緑・青をＸ・Ｙ・Ｚの３座標に置き換えて、各座標に数字を入力すれば3次元上の1点となり、様々な色を客観的に表現できるのです。

さらに、3次元上の1点と表現するのは困難ですが、音楽も旋律（音階）・和音・拍子の三つの要素が基本として存在し、それぞれを分解して理解することも可能ですし、組み合わせて一つの楽曲を作ることも可能です。やはり、イメージとしては3次元上の1点と捉えることもできるのです。

三つに分けて理解する

私がある対象を3次元的に、整理して捉えることの重要性に気付いた一例として、大学卒業後の医局会における症例検討会が挙げられます。顎や噛み合わせの形態は人それぞれで、その表現方法も無数にあります。そこで、医局会において形態に関して議論する場合、一つのルールが定められていました。顎や噛み合わせの問題を3次元的に分解して議論するのです。すなわち前から見た面（前頭面）については顎の長さや噛み合わせの高さ等について問題点をまとめ、横の面（水平面）については顎の幅や噛み合わせの左右的なズレ等について問題点をまとめ、垂直的な前後の面（矢状面）

については顎の前後的な出具合や、噛み合わせの前後等について問題点をまとめて議論するのです。

もし、このような3次元的なものの見方がなければ、問題は複雑化し、議論は成り立たないでしょう。複雑に見えた対象は、三つの要素に分解されることで簡素化され、整理されました。一つひとつの次元が理解されることによって、初めて正確に全体を把握することができたのです。

立体が高さ・幅・奥行きという三つの構成要素に分解され、色光が赤・緑・青という構成要素に分解されるという事実。そして、それぞれを組み合わせ、3次元的に立体や色を再現できるという事実。音楽についてもイメージとして応用できるという事実。私はそれらの事実を踏まえ、人生の内面である心にもこれを応用してみようと考えたのです。

まず、心を力・知性・慈愛という三つの次元に分解することで、簡素化し、整理することが可能になると考えました。一つひとつの次元が理解されることによって、心の全体像を把握することができます。そして、力・知性・慈愛という三つの次元を組み合わせることによって、3次元的、立体的に人の心を再現できると考えたのです。

すると力と知性と慈愛は全く別々のものであり、異なった次元の問題となります。三つの次元の間に、優劣や善悪といった相対的比較は存在しなくなります。しかし、一つの次元においては、力の次元であれば〝より強い欲望〟とか、知性の次元であれば〝より高い知性〟、慈愛の次元であれば〝より深い愛情〟といった相対的比較が成り立つかもしれません。

それぞれの次元が独立を果たした結果として、心の中の自由意志は大空を飛ぶ鳥のように、心の世界を自由に飛び回ることができるようになるのです。さらに、一つの自由意志は力・知性・慈愛という三つの次元に分解して理解することが可能となってくるのです。

まとめますと、1次元や2次元ではなく、3次元であることによって、人生の内面である心は空間的な広がりを見せ、5次元や4次元ではなく3次元であることで比較的容易に理解できるようになるのです。

次の項では具体的に心の3次元を使って、幸せになる方法を見てまいりましょう。

心の3次元を活用する

まず簡単に力・知性・慈愛についてまとめます。

●力は富、権力、地位、名誉、優越感、私利私欲等、脳内物質が放出されるのに必要な材料。心は「満たして」の状態です。

●知性は真理、法則、ルール。心は「何？　どうして？」の状態です。

●慈愛は愛、慈悲心、仁、利他的精神。心は「ありがとう」の状態です。

この三つをそれぞれ座標軸と考え、理科で習った、フレミングの左手を作ります。親指に力、人差し指に知性、中指に慈愛を当てはめれば心の3次元の完成です。この3次元を眺めると、飛行機の形に似ていると思いませんか。心は飛行機のように3

次元的に動くのです。日本では18歳になると、自動車運転の教習を受け、公道で運転することができます。自動車は平面上を動きます。ところが心は3次元的に飛び回り、コントロールするために、技術を要するということは意外と知られていないのです。見えない飛行機を操縦するようなものなのです。心の3次元という技術は現実においてどのように活用可能でしょうか。私は大きく三つの場面で活用可能であると思います。三つの場面とは「心の開放」と「人生観の創造」及び「日常での活用」です。

〈活用Ⅰ〉心の開放——無限に広がる心

先の章でも触れたように、心が3次元的に認識されると力・知性・慈愛の間には上下関係がなくなります。そして、それぞれの次元がのびのびと開放されるようになります。実生活において、「自分は優しい、愛情にあふれた人間になりたい」と思う人が、自分の心の中に怒りや欲望を見出すと、「あー自分は結局そんな人間なのだ」と思い、落胆してしまう場面を想像してみます。慈愛よりも力の次元は愚劣で忌まわしいものであるという思いにとらわれているのではないでしょうか。逆に「これは戦争だ。敵を倒さなければ！」と思っている人が、敵に情けをかけてしまったら、「あー自分は弱い人間だ」と思う場合だってありえます。このような自己矛盾、自己葛藤は人間の精神的エネルギーを消耗するのみではなく、心を虚無によって閉ざされた状態へと導く可能性があります。なぜなら力・知性・慈愛お互いがお互いの足を引っ張り合っているからです。

一度、思い切ってめちゃくちゃ力を追求する自分。めちゃくちゃ知性を追求する自分。めちゃくちゃ慈愛を追求する自分を想像してみましょう。正しい、正しくないは後回しにして。すると、自由意志というものが、いかに自由で広いものであるかを知ることができます。余暇において選択しうる意志は無限なのです。

現実においてこのように考えれば、時間はいくらあっても足りません。力・知性・慈愛それぞれの次元を追求して、膨大な時間が必要とされます。

それぞれの次元における人との出会い、付き合いはどんどん広がります。一緒に欲望、勝ち負け、優劣を追求する相手。同じ真理に向き合い、追求する仲間。精神的、人格的、霊的向上にいそしむ仲間。様々な人々と出会う機会が生まれます。

さらに、個人との人間関係においても、今までは利害関係のみでの付き合いであったものが、実はその人が人格的向上にも興味を持っていることを知れば、そのような部分でも共通の時間を過ごすことができます。付き合い方が多面的で、深くなるのです。

見える世界の宇宙は、空間的に無限の広がりを見せています。上や下などという狭い比較は存在しません。それに対し、見えない世界である心のほうはというと、十分な広がりを見せていないのが現状なのではないでしょうか（図15）。

人が地球に生まれ、地球が宇宙の一部であるならば、人も、その人生も宇宙の一部であるといえます。心の3次元を用いれば心の世界は宇宙のように無限に広がるのです。人生の可能性は無限となります（図16）。

〈活用Ⅱ〉人生観の創造――生きる意味を生み出す

大昔の人類と現代の私たちとでは、人生の中身が大きく変化しました。技術の進歩

図15　相対的な心（二つの例）

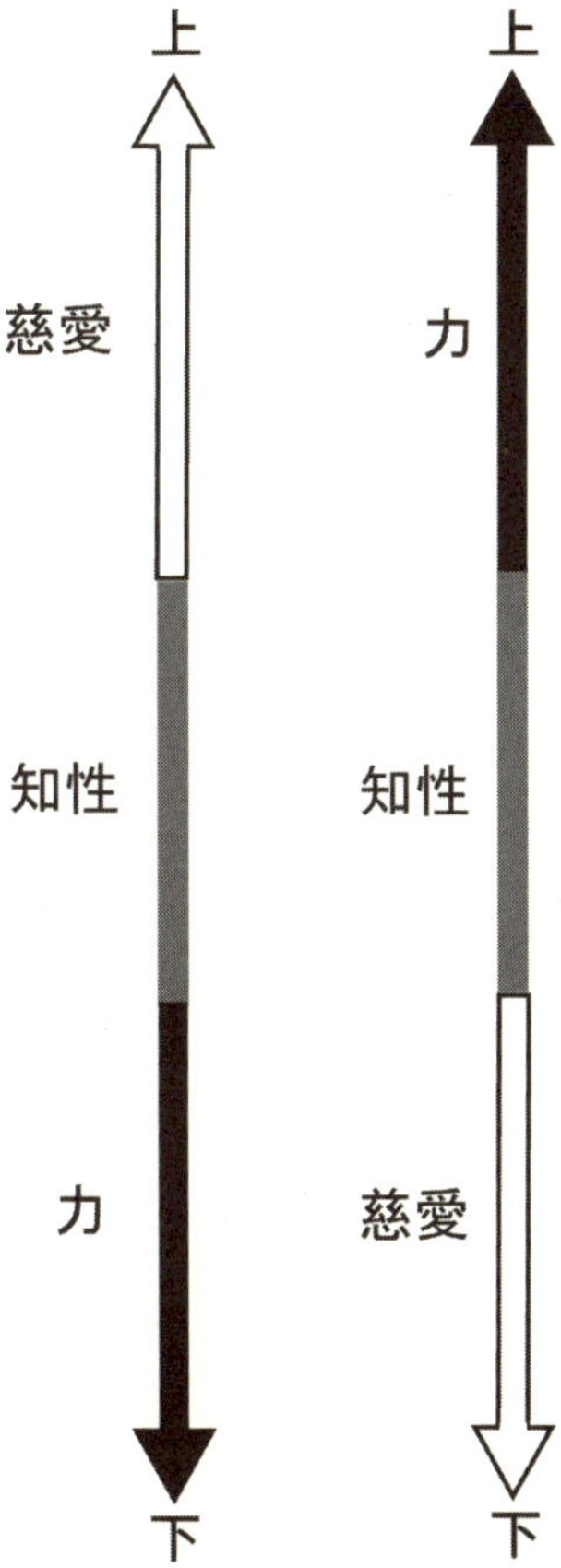

が余暇を生み出し、人生の関心事が生き残り、サバイバルから離れ、自由意志が人生の多くを占めるに至ったのです。今や生きる意味は、〝生き残ること〟から遠ざかりつつあります。

さらに、近代科学の発展は様々な新発見をもたらしたと同時に、それまで謎に包まれ、神秘的であった領域にメスを入れ、論理的に説明がつくようにしてきました。ある現象に対しての古くからの理由付けは無意味となり、科学的見地から説明がなされました。生命の神秘についても数多くの発見がなされ、生命の誕生についてかなりの部分で科学的説明がつくようになったのです。ところが、この科学は人生の始まりについては説明してくれる反面、その後の人生の意味、目的については沈黙します。

人生観とはその人が人生の本質をいかに捉え、生きる意味を見出しているかということです。科学は人間の存在意義（レゾンデートル）について沈黙しています。絶対的に正しい人生観があって、生きることに意味や意義を提示するものがあるとするならば、それは神のような絶対的存在による押し付けを前提としたものであり、宗教もしくはそれに類するものでしょう。神が現れない、神が現れても人生観の押し付けをし

図16　3次元的な心の広がり

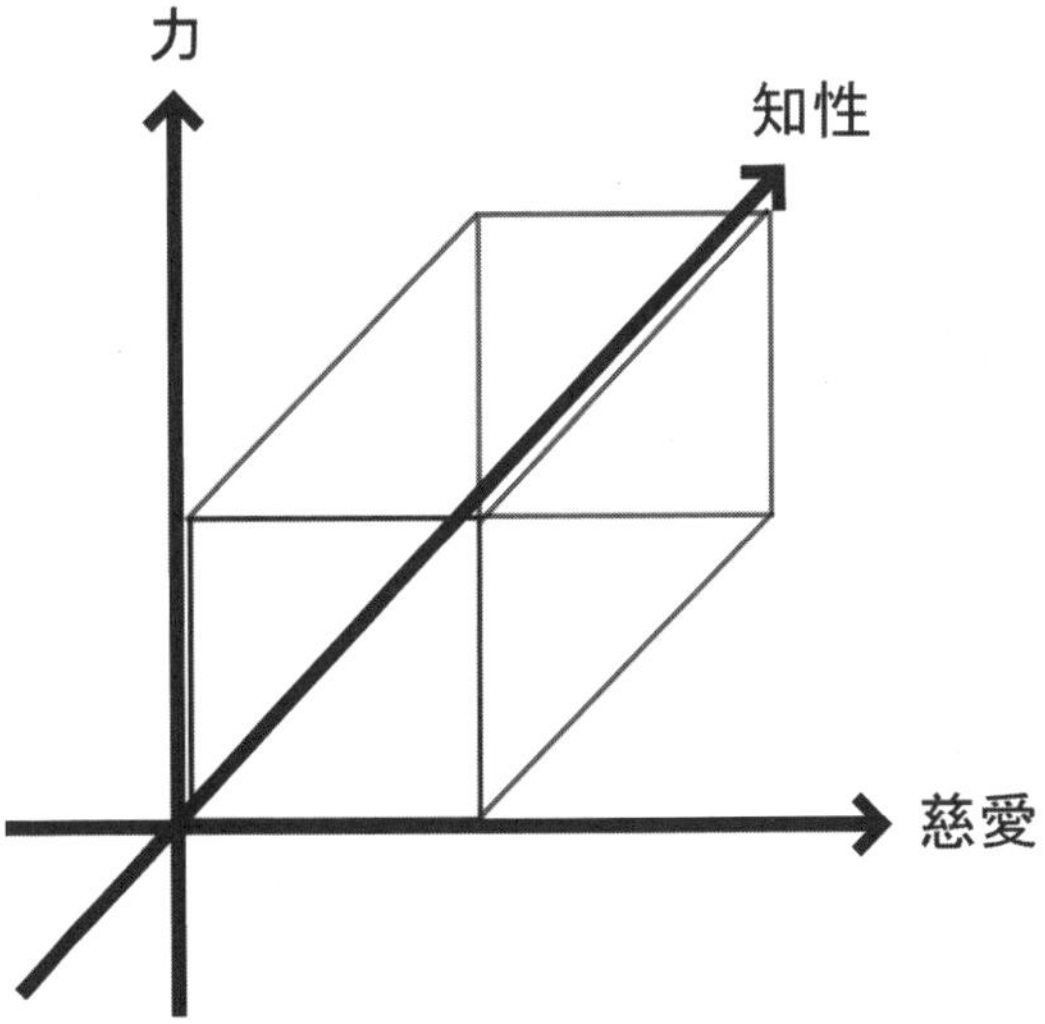

ないのであれば、人生の本質、人の生きる意味は規定されません。「科学からも神からも人生観を与えられない」。現代の日本人の多くはこれに近い考えを持っているのではないでしょうか。

そこで、人生を考えたとき、大きく二つの立場が考えられます。一つは自分の人生に自ら意味を見出さず、目的を持たずに過ごす、もしくは目的を他から与えてもらって過ごす立場。もう一つは自らが人生に意味を創造し目標を定める、すなわち人生観を創造する立場です。この生きる意味を自ら創造する立場は、前者と比べ能動的で自己責任的な人生観と言うことができるでしょう。

この人生観を自ら創造する場面において、人生の意味、目標を心の3次元を用いて定めることができるのです。左手の3次元を見て、自分の望む位置に目標を定めれば、そこが人生という旅の目的地となります。力・知性・慈愛、どの要素に富んだ人生を目的としたいでしょうか。この話をゴルフに例えるならば、人生の目標となるカップ（穴）の位置はあらかじめ定まっていないのと同じです。まず、カップの位置をどのように定めるかでプレースタイル、すなわち生き方は変わってきます。カップを置かずに、ただボールを転がして遊ぶこともできますし、他によってカップの位置を定めてもらうこともできます。しかし重要なのは、人間には自らの心でそれを定める能力が備わっているということです。心の３次元を用いて自由に定める能力が。

立志——人間に備わった能力

江戸時代の末期、福井藩の橋本左内〈注27〉は15歳の若さで自分の人生の規範を定め、『啓発録』としてまとめました。歴史上の優れた人物に学び、その人生観を自らのものとしようとしたのです。『啓発録』は、

一、稚心を去る
二、振気
三、立志
四、勉学
五、朋友を択ぶ

の5項目からなり、「立志」の項で次のように論断しています。

志のない人間は魂のない虫と同じで、何時までたっても発展しない。然るに一度何者にも妨害されないほどの志が立てば、それ以降は日夜生成していくもので、丁度芽を出したばかりの草に栄養の多い土を与えるのと同じである。古来天下に名を挙げた人物も、別に目が四つあったわけでもなければ、口が二つあったわけでもない。皆その大志と、堅固な意思とによってその名を天下後世に垂れたのである。

同様に長州藩の吉田松陰は松下村塾において〝立志は万事の根源なり〟と教え、人生に自ら目標を立てることの重要性を説いています。

明治に入り、中村正直はイギリスのサミュエル・スマイルズの『自助論（セルフ・ヘルプ）』〔注28〕を翻訳し、『西国立志編』として発表しました。この本は国家・社会からの支援に頼らない人生観、人間の自立心と立志の重要性を訴えるものであり、多くの偉人の人生について書かれています。

志を立てる、人生に目標を定める能力がすべての人間に備わっているのであれば、私たちはこの能力をいかに用いるべきなのでしょうか。

心の３次元を通して見てみると、一つの興味深い事実が浮かび上がってきます。

前述した橋本左内や吉田松陰が人生に掲げた志、中村正直が発表した『西国立志編』に登場する人々の志はすべて、力を目標としたものでなく、知性と慈愛に向かっていたということです。すなわち知性と慈愛を志した人生は時代を超えて記憶され、評価されるということです。

これについては、地球上の多くの宗教が神、または絶対的存在を知性と慈愛の究極的存在であるとしている点とも共通点が認められます。

現実的にノーベル賞や各国の褒章に値する業績は知性及び慈愛の観点から秀でたものがほとんどです。これは今の時代においても、非常に多くの人がその知性・慈愛に秀でた業績を価値あるものとして認めているという証左です。

日常の人間関係においてもある人物が「大人」「人格者」などという高い評価を受け、人間性に優れているとされる場合、その人は知性と慈愛を志していることが多いのではないでしょうか。競争心・嫉妬心が強く、人を差し置いても自分がトップに上り詰めたいという力の価値観が強い人には、最初は人が集まっても、だんだんと去っていく傾向があるのです。

さらに、知性と慈愛の次元は他の動物にはなかなか認められない、人間に特有の高次脳機能であると言うことができます。

後に詳述する心理学者のヴィクトール・エミール・フランクル〔注29〕は、知性や慈愛といった人間特有の次元を、精神的な次元と呼び大変重視しました。これらは、心の3次元を理解することによって初めて見えてくる興味深い共通点です。

人生観は創造してもしなくても、いかなる人生観を創造しようとも心の自由です。しかし自分の人生に意味を見出し、志を立てる。人生観を創造するのであれば、心の3次元は有効な技術として活用可能でしょう。

さらに、心の3次元を用いれば、力の次元を偏重しがちな人間には、一方で知性と慈愛を評価し希求する素晴らしい性質があるという真理の一つを明らかにすることができるのです。

〈活用Ⅲ〉心の３次元を日常で活用する

心の３次元が日常において全く役に立たないものであれば、あまり意味がありません。目に見えず、３次元的に動く心を、客観的に捉え、日常においてよりコントロールしやすくするため、心の３次元には様々な活用方法があります。

①心を映し出す鏡としての役割。
②左手の３本指を見れば、その角度、距離で心がどこに向かっているのかが分かる。
③自分や周囲を照らす光を生み出すことができる。
④物事を議論する際、次元を統一して話すことにより建設的議論となる。
⑤夫婦喧嘩がなくなる。
⑥教育環境が改善する。
⑦心の数字表記ができる。

それぞれについてまとめます。

①心を映す鏡

自分の顔を直接に、目で見ることはできません。鏡やカメラといった道具を用いて、初めて自分の顔を見ることができます。大昔であれば水面に顔を映し出したり、他人の顔を見て、「ほう、人の顔とはこのようなものか」と納得したり、自分の手で触れてみて鼻の高さを想像したりしたことでしょう。

見なくても生きていけるはずなのに、人はなぜ、あえて自分の顔を見ようとするのでしょう。それは、自分の顔に関心があるからです。理由は様々ですが、例えば、人は鏡を見ることによって初めて髪の毛の寝癖を発見したり、身だしなみをきちんと整えることができるようになるのです。それによって、周囲に好印象を与えることになるでしょう。

心も直接見ることはできません。心を映し出す鏡も売っていませんし、手で触れることすらできません。そして、あえて心に関心を寄せなくとも、人は生きてゆくことができます。しかし、昔から人はそのような心に関心を持ち、探究してきました。

吉田兼好は「徒然草」の序段で、

つれづれなるままに、日暮し、硯にむかひて、心にうつりゆくよしなし事を、そこはかとなく書きつくれば、あやしうこそものぐるほしけれ。

と書き、心に浮かんだ様々なことを書き記すとしていますが、そのような行為は、心の様々な働きを書き連ね、後から読み返すことにより、心を客観的に見つめようとする試みであったのではないでしょうか。他にも、

しな・かたちこそ生れつきたらめ、心は、などか、賢きより賢きにも、移さば移らざらん。

と書き、人の外面的家柄や容姿は生まれつきであるものの、心は努力次第で磨いて

いくことができると表現しています。このように、「徒然草」では心についての直接的な洞察も随所に見受けられます。

実際に江戸時代の町人の間では、この「徒然草」が大流行しました。一大随筆ブームという流行の中で、町人にとって、人の心すなわち自分の心と客の心を理解することは、心と心のつながりをより深め、商いの活性化に結びつけていくという観点からも、大変有意義であったに違いないのです。なぜなら、客は自分の心を理解してくれて、自分にとって最高のサービスをしてくれる店を選ぶからです。

このように、周囲の状況に合わせて心を右往左往させず、心を客観視し、一定の距離を保って見つめることによって初めて、心をコントロールし、さらに、周囲の状況を好転（江戸の町人にとっての商売繁盛）させる道筋が開けてくるのです。

世界的に著名な精神医学者であるヴィクトール・エミール・フランクルは、第2次世界大戦のヨーロッパで、両親・妻・子供を殺害され、自身もナチスの強制収容所において極限的な生活環境下に置かれます。しかし、そのような絶望的な状況下で、彼は自分の心を客観視し、研究対象としました。そして、この研究の結果、彼が改めて確信したことは、人間の心には「自分の人生を意味ある人生としたい」という「意味への意思」が存在するということでした。

身体的・精神的苦悩の中にある人々は「意味への意思」が抑圧された状態になってしまいます。そこでフランクルは訓練された心理学者がクライアントの「意味への意思」を上手に引き出し、「生きる意味」を一緒になって模索する心理療法、すなわちロゴセラピーを考案したのです。

ロゴセラピーの本質は様々な捉え方が可能ですが、一つ重要な点を挙げるとすれば、まず、ジークムント・フロイトやアルフレート・アドラーが提唱した理論（幼少期の心的外傷や欲求不満、根深い劣等感が一生涯を通じて人間を操作するというもの）や、動物的欲求の解放のみで人の心は支配されているという考え、すなわち本書の定義によるところの抑圧された力の次元の解放や、力の次元のさらなる拡大こそが心の本質であり、すべてであるという考えに対し、それは心の中の一部分に過ぎず、人間は他の生物から区別される人間特有の次元を有しており、生物的・心理的領域から得られた知見をこの次元に適用することはできないとしている点です。

そして、この人間特有の次元をフランクルは、精神的またはノエティッシュ（ギリシャ語のヌース＝精神に由来）な次元と呼びました。この精神的な次元は「自分以外の人もしくは自分以外の事物のために役立ちたい」という、自分以外の対象に向かう志向性を有しており、ロゴセラピーを通じて、そのような「意味への意思」が引き出されるのです。

もう一つの重要な点として、通常、私たち人間は自分を中心に、「私は世界から何を望めるか、何をもらえるか」という観点で世界と対峙していることが多いのですが、「自分以外の人もしくは自分以外の事物のため役立ちたい」という志向性が引き出され、その対象に没頭するとき、「世界は私に何を求めているのか」という観点の転回が起こるとしている点です。すると人生についても「自分が人生に何を求めているのか」が問題ではなく、「人生が自分に何を求めているのか」が問題となり、それによって「生きる意味」を発見することができるのです。

フランクルの心理学は本来自由で限りない意味を持っている個々人の人生が、欲望の追求に走ってしまったり、苦悩に沈むことによって、限定されてしまうことを見越し、もう一度、客観的、総合的に心を捉え直す機会を提示するものであり、フランクルは目に曇りのある人を治療する眼科医の役目と同じであると表現しました。

心の3次元も客観的、総合的に心を認識する試みであり、ロゴセラピーが心理学者によって、曇りを取り除く治療、眼科医を介した治療であるとすれば、心の3次元は自分で自分の曇りに気付き、取り除こうとする試み、自分で目薬をさすことに相当するのです。

「あなたには生きる意味がある」とするのがロゴセラピーであり、「私には生きる意味がある」とするのが心の3次元なのです。

心を客観的、総合的に見つめることは、鏡に自分の顔を映し出すことに、とてもよく似ています。その意味で、心の3次元は心を映し出す鏡なのです。

車、飛行機に乗ったとき、目を閉じて何も考えなければ、今自分がどこにいて、どこへ向かって進んでいるのか見当もつきません。ところがカーナビゲーションやGPS、地図で現在地を客観的に確認したとき、おおよそのイメージがつかめるはずです。心にもそれが当てはまり、何も考えなければ、その場その場の感情に流されるがままです。

そこで、心の3次元をイメージし、心を鏡に映し出すことによって、「ああなるほど、今、私の心はこの次元でいっぱいだな。力に向かっているな」とか、「知性・慈愛に向かっているな」と分かるはずです。山中を歩くとき、自分がおおよそどの位置に存在し、どの方向へ向かい歩いているか、さらには、どの方向が目標地点かを知っていればこれほど心強いことはありません。それと同じように志、すなわち目標地点が定かであればあるほど、心は一段と迷わなくなります。様々な出来事が起こる日常生活。多少の遠回りは大目に見ましょう。少し寄り道しながらでも、自分の定めた目標に少しでも近付くことができていれば、人は間違いなく今生を有意義に生きているのです。

数学の公式を何度も用いていると、使い慣れてきて、問題解決が速くなるのと同様、心の3次元という能力は目には見えない心の技術なのですが、日々用いていると、徐々に使い慣れてきて、自然と心のイメージング、コントロールができるようになってくるのです。

②心の可視化

左手に心の３次元を作れば、その角度・距離によって自分の心を目で見ることができます。飛行機の計器でいうと、方角計や角度計、高度計、速度計のように活用することが可能です。

まず角度について見てみます。私たちが普段目にしているのは親指（力）と人差し指（知性）の世界です。非常に現実的に認識できます。中指（慈愛）はなかなか見えません。自分の手相を見るように、左の手をご覧ください。そのまま3次元にすれば、力と知性が主役の状態になるはずです。現代社会がまさにこの状態です。

さらにもし、親指つまり力を主に眺めるような角度で見ているのならば、心はきっと力に向かって突き進んでいるのでしょう。人差し指、知性を眺める角度であれば、真理を求める心の動きであり、中指、慈愛を眺めるような角度であれば、私利私欲から離れて慈しみの気持ちを抱いているのでしょう。知性と慈愛の次元は手首をクルッと返して、人差し指と中指が主に見える角度です。親指、すなわち力の次元はあまり見えなくなります。心の３次元をいろいろな角度から見てみましょう。飛行機が様々な方向に飛び回るように、あなたの心が様々に変化する様子を見ることができます。

そして、心が生み出した結果として、様々な世界が存在する可能性が見えてきます。

次に距離について見てみます。もし親指を間近でじっと睨みつけているのなら、力の次元にどっぷり浸かっているのです。ハマった状態です。抑えきれない欲望を心の中に発見したら、ふと親指から距離を取ります。そうすると知性と慈愛も見えてくるのです。自然と心も落ち着きます。これを飛行機の計器で表現するならば、速度計のようなものです。力の次元を凝視するということは、飛行機が急上昇している状態に似ており、危険な操縦であると言わざるをえません。

実際問題として、飛行機の機長をはじめ、人の生命に関わる仕事に携わる場合。例え人生において暴風雨が吹き荒れて、心穏やかでない場面でも、自分の心を安定した状態に調整し仕事に集中しなければなりません。また、そうする責務があります。心を実際に見ることができることにより、扱いがとても容易になるという利点があるのです。

人の心を客観的に見つめたパイロットとして、「星の王子さま」の作者であるサン・テグジュペリが挙げられます。第2次世界大戦で偵察機のパイロットとしても活躍した彼は、地上において繰り広げられている数々の悲惨と人々の絶望、家々の明かりと満天の星空、旭日の輝きと沈みゆく夕日、国境という線が引かれていない地球を数千メートルの上空から眺めていたことでしょう。そして、人の心の不思議なさまを、「星の王子さま」に登場する個性的な人物や生き物を通じて、ユーモアを交えながら表現しています。心の３次元が上手に活用できるようになれば、サン・テグジュペリの飛行機に同乗して、子供の頃に落としてしまった宝物の光を、一緒に見つけることができるかもしれません。

③光を生み出す

笑顔の人がいると、周囲の雰囲気が明るくなります。笑顔は本人の自律神経にも作用して、交感神経の緊張を緩和し、リラックスした気持ちを生み出します。怖い映画を観る際、本当ならドキドキして、血圧が上がるような状態になるはずなのに、頑張って笑顔を絶やさないでいると、比較的ドキドキせず、血圧の上昇も抑えられます。笑顔を作るという主体的な行為が、自律神経をコントロールするのです。これとは逆に、いつも口をへの字にしていると周囲の雰囲気も暗くなり、本人の交感神経も緊張しやすくなってしまいます。

力・知性・慈愛にはそれぞれ心の言葉があるということはすでに述べました。力は「満たして」という言葉であり、物的・社会的報酬を切に求め、それが決して満たされることはないということ。知性は「何？　どうして？」という言葉であり、真理を追い求める謙虚な姿勢であること。慈愛は「ありがとう」という言葉であり、人として生まれてくることのできた今生は、魂の成長にとってかけがえのない、めったに起こりえない現象であって、万物一体の下で、生命のすべてが有り難く、愛おしい存在であるということ。これらについてそれぞれの項で詳しく述べましたが、表情を作ることと同様に、心の言葉を用いることによって、自分自身や周囲に様々な影響を与えることができます。なかでも「ありがとう」と心の中で思うことによって、笑顔を浮かべることと同様、自分自身や周囲を照らすことができるようになります。「ありがとう」は心の光なのです。

もし、ある人物が素晴らしい体験をしたとします。修行のようなもの、本や音楽を通じたものかもしれません。その結果、私はすでに悟っていて、心は掃き清められ美しい状態なのだと思ったとしても、心の光、「ありがとう」が存在せず、空虚な状態が続けば、様々な出来事が起こる日常の中で、徐々に「満たして」の言葉が頭をもたげてくることもあるでしょう。しかも今度の「満たして」には「私は清くて正しい」というお墨付きが与えられているため、以前よりもたちの悪い「満たして」になる可能性すらあるのです。

様々な不幸や混乱の暴風雨が、絶えず心の光を消し去ろうと、笑顔を絶やそうと、心に入り込もうと吹き付けてきます。心を明るい状態に保ち、自分の精神、自律神経、健康、周囲の環境をよい状態にしていく上でも、心の3次元、なかでも「ありがとう」の次元により、心を光で満たしておくことは非常に有益なのです。

④議論がまとまる

有識者たちがあるテーマについて討論するという番組があります。そのほとんどが結論に至ることなく、互いの主張を言い合って、平行線で終わる場合が多いのです。視聴者の側としては、様々な意見に触れることができる反面、結論がないことに不満を感じます。

例を挙げますと、以前ある番組で裁判員制度の導入について知識人が討論するコーナーがありました。A氏は裁判員に選ばれたら大変だ、時間的、経済的損失をどうしてくれる。制度導入自体に憤りを覚えるという、ほぼ力の次元に立った意見でした。これに対してB氏は、制度導入が一般国民にとって司法制度を学ぶためのよい機会であり、日本の司法制度の発展に寄与するという、ほぼ知性の次元に立った意見です。

両方とも正論なのですが、正論同士ぶつかり合っても、いつまでたっても結論に至らないのです。結論が出ない原因はまさしく、A氏とB氏の心の次元が異なっているからであり、したがって両者が納得のいく結論に達しうるには、まず力の次元について、時間と仕事の補償に論点を定めて話し合うべきであり、人選方法等についても諸外国の例を参考に議論すべきです。そして知性の次元については、司法制度を学ぶ方法にはどのようなものが考えられるのか、どうすればより有効か等を議論すべきなのです。さらに、慈愛の観点からも凶悪事件を担当する裁判員の精神的フォローをいかにするかなどが議論されてしかるべきです。

心の３次元を交渉や議論の場に有効に活用すれば、人間関係が円満になり、様々な問題の解決に役立つのではないでしょうか。また、幕末の西郷隆盛が薩摩藩を代表して西洋列強と交渉する際、知性と慈愛を基軸として交渉を進めたため、相手に付け入る隙を与えなかったことに見られるように、自分のスタンスを決めて交渉に挑むことは有益なことであり、自分の立ち位置が認識できておらず不安定だと、不利益を被るのです。

⑤夫婦関係がよくなる

夫婦が心の３次元を理解し、心を客観的に認識できるようになると、力と力のぶつかり合いを回避し、もし、互いの心が力に支配され、ぶつかり合いが生じそうになったときでも片方がそれに気付けば、心を力から遠ざけて冷静になり、相手にもそれを気付かせることが可能です。心の共通言語という感じでしょうか。

このような場面は、私の家庭でもよくあることで、私が力の方向に夢中になり、家族を顧みていない状態になると、妻は決まって、「心の3次元とか言っているけど自分は力ばかりじゃないの」と言います。これには私もはっとせざるをえません。「うるさい黙れ！」とは決して言えないのです。心の3次元を理解しつつ力に執着することは、「私は脳内物質を得るため知性、慈愛を犠牲にしています」と宣言するに等しいことになってしまうのです。

こうなるとさすがに力の次元から距離を取ります。このように、人間同士が心の3次元を理解するようになれば、自分、他人の行動、言動を心の3次元で捉えることができるようになり、争いを予防し、争いが生じても自制したり、自制を促すことが容易となります。心の3次元の広まりは、家族にとどまらず、近所、職場、国内、国際間における人間関係をよりよいものとし、さらには人と自然との関係、将来の世代との関係をも改善してゆく可能性があるのです。

⑥教育に応用できる

私には子供がおります。親子の人間関係にも心の3次元は深く関わっていることを痛感するのですが、特に重要なことは、親が力の次元をコントロールして、知性や慈愛の次元で子供と深く関わりを持つことだと思います。

例えば、幼い子供に対し5本のペンを見せた後、3本を隠して残りの2本を見せ、「さて、何本隠したかな?」というクイズは、算数を学び始めた子供にとってはとても面白いらしく、知性の次元を通じて、とてもよい時間を共有できるのです。親が力ばかりに気を取られていると、「これで物的・社会的報酬は得られるの?　脳内報酬系は刺激してくれるの?」という損得勘定に陥ってしまうため、少しの工夫で手に入れられる貴重な親子一緒の時間が減ってしまうと思うのです。

子は親の鏡である、とよく言われるものですが、子供は両親の何気ない会話や日常の行動を観察して、本能的に心のあり方までも学習しているようです。親が力ばかりに関心を向けていますと、その子供は力に関心を持ちますし、親が知性や慈愛に関心を向けていますと、子供もやはり知性や慈愛に関心が向くのです。

今は幼い子供であっても、これから成長し、長い人生を送るに際して力・知性・慈愛に関連した様々な出来事と出会うはずです。親が子供に自分の人生の教訓を語るとき、単に自分の個人的人生観を押しつけるのではなく、心の3次元を意識して伝えることができたなら、子供も心から納得して親の経験を学ぶことができるようになるはずです。飾り気のない赤裸々な経験を、客観的に伝えることができることこそ真の教育であり、親は生きた教科書、人生の師となることができるのです。

金八先生はその意味で、飾り気のない人間としての自分をさらけ出した教師のモデルであり、「子供の頃、女湯をのぞこうとしたら、すべって転んだ」など力の次元における失敗談や、「人という字は」など知性や慈愛につながる話を正直に分かりやすく話すから、生徒から慕われるのではないでしょうか。人生の苦労や教訓を、心の3次元を通じて分かりやすく伝えられるという意味で、親は子供にとっての金八先生になれるのです。こうして世代間の絆が構築され、心に関する技術も向上していけば、世代間の人類はこれまで築き上げてきた、力の次元による利己主義的な負の遺産を、協力でもって解消することができるようになるのです。

⑦心の数字表記ができる

心の3次元を用いれば、自分の心の把握が容易になるのみでなく、他人の心も大まかに把握することができるようになります。人は社会生活を営む以上、様々な人々と出会うものであり、人の心に配慮して生きていくことは、大変重要なことです。そのための訓練として、歴史上の人物がどのような人生を歩んだのかに着目し、心の3要素である力・知性・慈愛の中で何を優先していたのか想像してみるのです。そして、3要素の合計を10として、優先していた次元に高いスコアを割り当てることで、おおよその性格を把握することができます。これを私は「心のバロメーター」と表現しています。

具体例として、個性的な英雄がたくさん登場する、吉川英治の「三国志」〔注30〕の英雄像を見てみましょう。

（1）志なき呂布
（2）力を求めた董卓
（3）力と知性を求めた曹操
（4）知性を求めた諸葛亮
（5）慈愛を求めた劉備

（1）志なき呂布

呂布奉先　リョフホウセン（?〜198）五原郡九原県の人。

当初、丁原から重用され、彼を義理の父とし、その下で働いていましたが、呂布の武勇に惚れ込んだ董卓から誘惑を受けます。呂布は丁原を裏切り、これを誅殺してしまいます。次に仕えた董卓とは父子の契りを結びました。しかし、王允の計に乗って、今度は董卓を殺してしまいます。その後各地を流浪し、その間に袁術、袁紹にすり寄りますが拒絶され、曹操が留守の間に兗州を急襲し領土を得ようとするも失敗します。

そこで、劉備に近づき彼の配下となります。ところが、劉備が袁術を討伐している間に、劉備の拠点である徐州を奪い取ってしまいます。その後、曹操との戦に敗れた呂布は命乞いをしますが、抜け目のない曹操によって首をはねられてしまいます。

呂布は乱世において他を圧倒する武勇の持ち主であり、行動力もあったのですが、不幸なことに志を有していなかったために、長期的展望を持たず、行き当たりばったりの人生となってしまいました。おそらく丁原の下で働いていた頃には、喜んで働き、父と慕っていたのでしょう。ところが誘惑に駆られると、いとも簡単に心変わりするのです。「おまえほどの豪傑が、丁原ごときに利用されて一生を終えるのか？」という誘いに、「おれはそんな馬鹿ではない！」となってしまったのです。董卓や劉備に仕えた際も同様で、最初は慕っているのですが、外部環境の変化に合わせてころりと心変わりしてしまいます。志なきゆえに人生の歩みを決めるのは自分ではなく、他人の思惑、外部の環境でした。

呂布の人生を心のバロメーターで表現してみます。力・知性・慈愛それぞれに数字を当てはめ、合計数を10になるように表しますと、結果として力８・知性１・慈愛１

となります。優れた才能を有していても、脳内物質の追求に終始し、目先の思いつきのみで行動したため、不本意な人生となってしまいました。本人は賢く渡り歩いているつもりでも、結局は真理からはずれた、社会からの信頼を失う歩みだったのです。

(2) 力を求めた董卓

董卓仲穎　トウタクチュウエイ（139～192）隴西郡臨洮《りんとう》の人。

黄巾の乱以前は異民族討伐のプロとして活躍し、黄巾賊討伐でも抜群の働きをしました。

その後、宮廷で何進将軍と宦官が熾烈な権力闘争を始め、何進は誅殺されてしまいます。董卓はそのドサクサにまぎれて宮中に乗り込み、権力を掌握します。そして自らの権力を正当化するために献帝を擁立しました。戦闘能力は高かったのですが、計略には重きを置きませんでした。戦乱の初期には絶大な権力を掌握しましたが、その後の非道ぶりはすさまじく、彼に逆らった者はことごとく処刑され、その光景を肴に酒を飲んだとも伝えられています。最後は呂布と女性の取り合いとなって斬られてしまいます。遺体は彼に恨みを持つ民によって市中にさらされたといいます。

董卓は自分の力で天下を得ようと画策し、素早く宮中に入り込みました。漢王朝の正当な皇帝である劉弁（少帝弁）を廃位し、劉協（献帝）を擁立、後に劉弁を毒殺するあたりは、行き当たりばったりの呂布と比べると、計画的で、確信犯的な暴挙と言えるでしょう。志なき小悪党の呂布に対して、一貫して力を志し、揺らぐことのない大悪党だったのです。董卓の人生を心のバロメーターで表現しますと、力7・知性2・慈愛1となるのではないでしょうか。さらに、董卓と呂布との確執から学ぼうとしますと、力の人と力の人が同居するということは、刃物と刃物をその切っ先で重ねるようなものであり、少しバランスが崩れるだけで決定的なすれ違いが生じ、怪我人が出てしまうという教訓を得ることができます。

(3) 力と知性を求めた曹操

曹操孟徳　ソウソウモウトク（155〜220）沛国譙県の人。

当初は後漢に仕え、少壮官吏として大いに活躍しました。黄巾の乱では正規軍5000名を率い、潁水で黄巾賊を鎮圧して名声を高めました。その後、宮中の混乱に乗じて董卓が乗り込んでくると、これを嫌って曹操は帰郷します。しばらくすると董卓討伐軍の編成を呼びかけ、これに呼応して袁紹など多くの群雄が集結します。討伐軍は董卓が洛陽から長安へ遷都すると、共通目標を失い戦意が低下、董卓の死後は群雄割拠の様相を呈します。曹操は呂布、劉備、袁術、張繡らと戦い、大局で勝利を収め、次々と勢力を拡大していきました。一方、黄巾の残党である青州兵を吸収し、屯田制度を実施するなど政治的にも一流でした。また、献帝を許に迎えて、自分の権力に大義名分を得たのです。その後、河北で勢力を伸ばしていた袁紹の軍を官渡において打ち破り、中原での覇権を打ち立てました。赤壁で呉・蜀同盟軍に敗れはしますが、曹操の圧倒的戦力は衰えず、213年には魏公、216年には魏王と、確実に頂点に近づきつつありました。しかし、皇帝になる一歩手前のところで220年死去しました。

曹操は力と知性を志し揺るがなかったのですが、冷酷・非情な部分がありました。吉川英治の「三国志」では、董卓暗殺に失敗した曹操が帰郷する際、親戚にあたる呂伯奢の家にかくまってもらいます。呂伯奢が酒を買いに留守にしている間、家の者が料理のため豚を殺そうとしている会話を聞いた曹操は、董卓に追われている自分を殺そうと相談していると勘違いし、家人を斬殺してしまいます。しかし、すぐに勘違いだったことに気が付き逃げ出します。曹操は逃げる途中で出会った、酒を運ぶ呂伯奢をも、もはや申し開きができないと考え斬ってしまいます。そのとき発した「私が天下の人を裏切ることがあっても、人が私を裏切ることは許さない」という言葉は、彼の心のあり方を表しています。また、彼の覇業に多大なる貢献をした荀彧についても、後に献帝を廃し、曹操自らが皇帝となることに反対したため、自殺を強要しました。曹操の人生を心のバロメーターで表現しますと、力5・知性4・慈愛1となるのではないでしょうか。力を握った曹操の下には綺羅星のごとく武芸、智略に秀でた将が集いますが、曹操は彼らを愛したのではなく、彼らの才能を愛したのです。

（４）知性を求めた諸葛亮

諸葛亮孔明　ショカツリョウコウメイ（181〜234）。

若き日は荊州で弟の諸葛均とともに晴耕雨読の生活を送っていました。友人の徐庶が劉備に諸葛亮の才知について話したところ、劉備は是非とも味方にしたいと思い、諸葛亮の家に足を運びます。しかし、2度出向いても諸葛亮に会うことはできず、配下の関羽は「諸葛亮など虚名です、惑わされてはなりません」と言い、張飛は「首に縄をかけて引っ張っていこう」と言ったそうです。しかし劉備は諸葛亮の草堂で「淡白以明志　寧静以致遠」（私利私欲に走らないことを以って志を明らかにし、静かな不動心を以って高みに至る）という諸葛亮の書を目にしました。書を心の3次元で解釈しますと、力の誘惑に打ち克ち、知性を志して動じないという意味になりますが、これを見た劉備は諸葛亮こそが自分の求めていた軍師であると確信しました。そして、3度目の訪問でついに両者は出会います。このとき、諸葛亮は劉備に対して「天下三分の計」を披露し、曹操・孫権との対立を避けて、まずは荊州、続いて益州を手に入れ、その後に天下を争うべきであると進言しました。

劉備はその知性に惚れ込み、共に歩もうと言い、諸葛亮は劉備の慈愛に惚れ込んで、その下で仕えることを決心しました。まもなく曹操が南下を開始すると、諸葛亮は劉備と孫権との対曹操同盟を成立させ、同盟軍は赤壁において見事、曹操率いる大軍を撃破します。赤壁の戦いの後、劉備は荊州・益州を領有し、ここに諸葛亮の天下三分の計は実現するのです。２２１年劉備は蜀皇帝に即位し、諸葛亮は蜀の丞相・録尚書事となります。しかし、この頃が劉備の絶頂期であり、２２３年劉備は呉との戦で敗れ、失意のうちに白帝城で死去します。劉備は死の直前、諸葛亮に蜀の行く末を託し、「もし跡継ぎである劉禅に能力がなければ、これを廃し、諸葛亮が皇帝となるように」と言います。それに対し、諸葛亮は涙を流しながら「命がけで劉禅様を補佐します」と答えるのです。その後、蜀の内政を安定させつつ、南方征討や5度にわたる北伐（対魏戦）を敢行しますが、第5次北伐において病に倒れ、陣中にて54年の生涯を閉じます。

諸葛亮は知性を求めてぶれませんでした。曹操が南下政策を開始した頃に劉備と出会いますが、天下の情勢を見れば破竹の勢いの曹操と、追われる劉備ではどちらが将来有望なのかは明らかでした。あえて不利な立場の劉備を選んだことから、諸葛亮は戦略眼がなかったのではないかという意見もありますが、あえて困難な道を選択するという苦難の人生を、彼は自ら進んで歩んでいるのです。まるでパズルを解いた少年が、さらに難しいパズルに挑戦するかのように。劉備の下で出世した諸葛亮はそれによって楽な生活を送ることができるようになったのではなく、逆に膨大な肉体的・精神的負担を強いられてゆくのです。劉備・劉禅に仕える丞相という立場は様々な制約に縛られており、その状況下で巨大な軍事力を有する魏と戦い続けることは、内政・外交・軍事等あらゆる局面において、諸葛亮の能力の限界を試みるものだったのです。したがって、彼の人生は書物と行動によって最大限に学ぼうとし、現に学んだ人生であったと言えるのではないでしょうか。心のバロメーターで表現しますと力1・知性6・慈愛3となるのではないでしょうか。

（5）慈愛を求めた劉備

劉備玄徳　リュウビゲントク（161〜223）涿郡涿県の人。

劉備は、前漢の中山靖王劉勝の末裔であると称しました。関羽・張飛と義兄弟の契りを結び、黄巾の乱を鎮圧すべく義勇兵を集めて挙兵します。黄巾の乱が鎮圧された後は各地の群雄の元を転々としました。たまに戦に勝ち、負けると他に身を寄せるという状態でしたが、弱肉強食の戦国時代にあって、慈愛に重きを置き、家臣や民百姓を慈しんだことで有名です。曹操の軍略には到底及ばないものの、曹操は劉備を高く評価しており、「この世で英雄は余と君だけだ」と言ったとも伝えられます。諸葛亮が参謀となったことで初めて戦略的に方向性を定めることができるようになり、諸葛亮の進言した天下三分の計に従って荊州に拠点を定めた後、蜀を手中に収め、漢中王を経て蜀皇帝になります。その後、呉との対立により関羽・張飛を続けて失い、仇を討つため呉に自ら攻め込みますが、敗れ去ります。後事を諸葛亮に託して失意のうちに白帝城にて死去します。

戦ではあまりぱっとしない劉備が、天下統一までは成しえなかったものの、蜀皇帝まで至った背景には、彼が慈愛の心を持ち続けた英雄であったことが挙げられます。多くの人を愛したからこそ、多くの人から愛されたのです。曹操が劉備を自分に並ぶ英雄と認めた理由も、自分にはない心の働きを認めたからではないでしょうか。事実、曹操が劉備を脅威として認めざるをえなかったようなエピソードをいくつか見てみましょう。

曹操に捕まった関羽は、曹操のために働きはしたものの、曹操より送られた金銀財宝に一切手を触れず、劉備の元へと帰っていきました。それを知った曹操はあれほどの武将は自分の配下にはいないと嘆いたそうです。劉備と関羽の間には命や富を超えた絆があったのです。

また、劉表の死後、荊州に押し寄せる曹操軍に追われて劉備は江陵へ向けて逃亡しますが、劉備を慕う荊州の民や将兵がつき従ってきました。その数が十数万人もの大集団であったため、劉備軍は1日にわずかな距離しか進めませんでした。背後から曹操軍が迫り来る中、「何をなさっているのですか。民を捨てて先に進むべきです」と進言する者も当然のごとく現れましたが、劉備はこれを激しく叱責し、「よいか、大事を成し遂げるためには必ず人を本としなければならない。今、この民衆が私を頼ってきているのに、どうして見捨てることができようか」と言ったといわれます。

後に呉によって関羽が討たれ、張飛も失った劉備は、自ら大軍を率いて呉に対し弔い合戦を挑みます。このような動きは戦略上誰が見ても間違いでしたが、知性よりも慈愛を優先したのです。天下を取るという意味において、劉備の情は強みであった反面、弱点でもありました。しかし、彼の有する慈愛の心こそが、三国志の世界を今なお魅力あるものとしているに違いありません。劉備の人生を心のバロメーターで表現しますと力2・知性3・慈愛5となるのではないでしょうか。

人が生きている間、その心は様々に変化します。三国志の英雄像から学ぶことができることをまとめてみましょう。彼らの人生の歩み、心の歩みを力・知性・慈愛の3要素に分解し、人生の時間をどの要素にどれだけ費やしたのか客観的に分析してみます。すると、心のバロメーターとして数字化できるということであり、逆に現代の私たちは、心のバロメーターから、その人がどのような人生を歩む傾向にあるのか、心の集まりである社会はどのようになるのか等を考えることができます。

呂布や董卓のように意識的・無意識的に力を強く求める人が増えれば、社会の発展は妨げられ、やがて衰退していくでしょう。力8・知性1・慈愛1の人ばかりの社会はまさに地獄絵図のような世界であり、できれば御免です。

曹操のように、力を求めつつも知性を重視していく人は、現代にあっても物質的に繁栄する傾向があります。力5・知性4・慈愛1の人ばかりの社会は、しかしながら温かみに欠けたストレスの多い社会になるでしょう。

諸葛亮のように知性を求めつつ慈愛も重視する人が増えれば、社会の発展はバランスを伴ったものとなり、持続的な発展が見込まれます。力1・知性6・慈愛3の人ばかりの社会は低成長ながらも平和が保たれる社会となるでしょう。

劉備のように慈愛を求めつつ知性も重視する人が増えれば、やはり社会の発展はバランスを伴い、さらに温かみに溢れたものとなるのではないでしょうか。力2・知性3・慈愛5の人ばかりの社会は多くの人が安心して生きていける、温かみのある社会なのです。

第4章
心の3次元を胸に

歯科医療と心

歯科医院には様々な患者様が来院されます。それぞれの方が、様々な個性を有しているのみではなく、1人の患者様であっても、来院されたときの体調や気分によって、心のあり方は様々です。

私が歯科医師として身体、特に口腔周囲に関心を持つことに加えて、見えない心に関心を持つ理由を以下の四つにまとめます。

①患者様―術者間の心の結びつきは、医療の基本

心を排した極端に唯物論的な立場で歯科治療を行うことはできません。適切なコミュニケーション、すなわち挨拶や問診、説明、診療方針の選択、同意等を通じて、患者様と術者との間に信頼関係が構築され、その上で医療行為を行わなければ望ましい結果を得ることは困難でしょう。患者様の様々な心を理解し、心の結びつきが確立されることが、医療行為の基盤にあると私は考えます。

②心が口腔内に影響する

〝緊張すると口の中がカラカラになる〟とか、〝悔しくて歯軋りする〟という現象は一般によく知られていますが、心の状態が自律神経に作用し、唾液の量的・質的変化、睡眠中の食いしばりや歯軋りの原因となることは医学的にも明らかです〔注31〕。したがって、患者様の心が今どのような状態にあるのかを理解することは、口腔内の状況を考えていく上で大変重要であり、治療を進めていく上でも大変参考になるのです。

③治療方針の決定

患者様が歯科医院に来られて、治療方針について相談する際、適切な診査・診断を行った上でいくつかの方針を説明させていただきます。特に治療範囲が広く、期間を要すると考えられる場合には必ずいくつかの方針が提示されます。その際、生活環境や全身の健康状態等、様々な要因が検討されますが、患者様の心のあり方は治療方針を決定する上でとても大きな要因なのです。

図17は「平成17年歯科疾患実態調査」を基に作成したグラフですが、20歳をピークに永久歯の本数は減少を始め、50歳を過ぎたあたりから急激に減少し、80歳で約9本となっております。

私は治療方針を患者様と相談する際に、このグラフを念頭に置きながら、さらに必要とあればこのグラフに線を加えて、治療方針を相談します（図18）。

まず、治療方針Cについて説明します。これは患者様の主訴である症状を取り除くことが中心の治療方針です。多くの人が、〝病院は症状が出たら行くもの〟という考えを有しているためでしょうか、このCのカーブが日本人の歯数の変化です。Cの方針では、口腔内の他の問題点にはあまり介入せず主訴のみに目を向けていくため、治療期間は短くて済みますが、生涯にわたっての歯数、QOL（生活の質）の長期的な維持はなかなか難しいのです。

次にBについて見てみます。これはメインテナンス、つまり予防と持続性を重視した治療方針であり、主訴の改善に加えて、お口に関する情報から入手した様々な問題点の一つひとつに対し、可能な範囲内でアプローチする方針です。Cに見られる、対

図17　年齢別に見た永久歯の本数（「平成17年歯科疾患実態調査」参考）

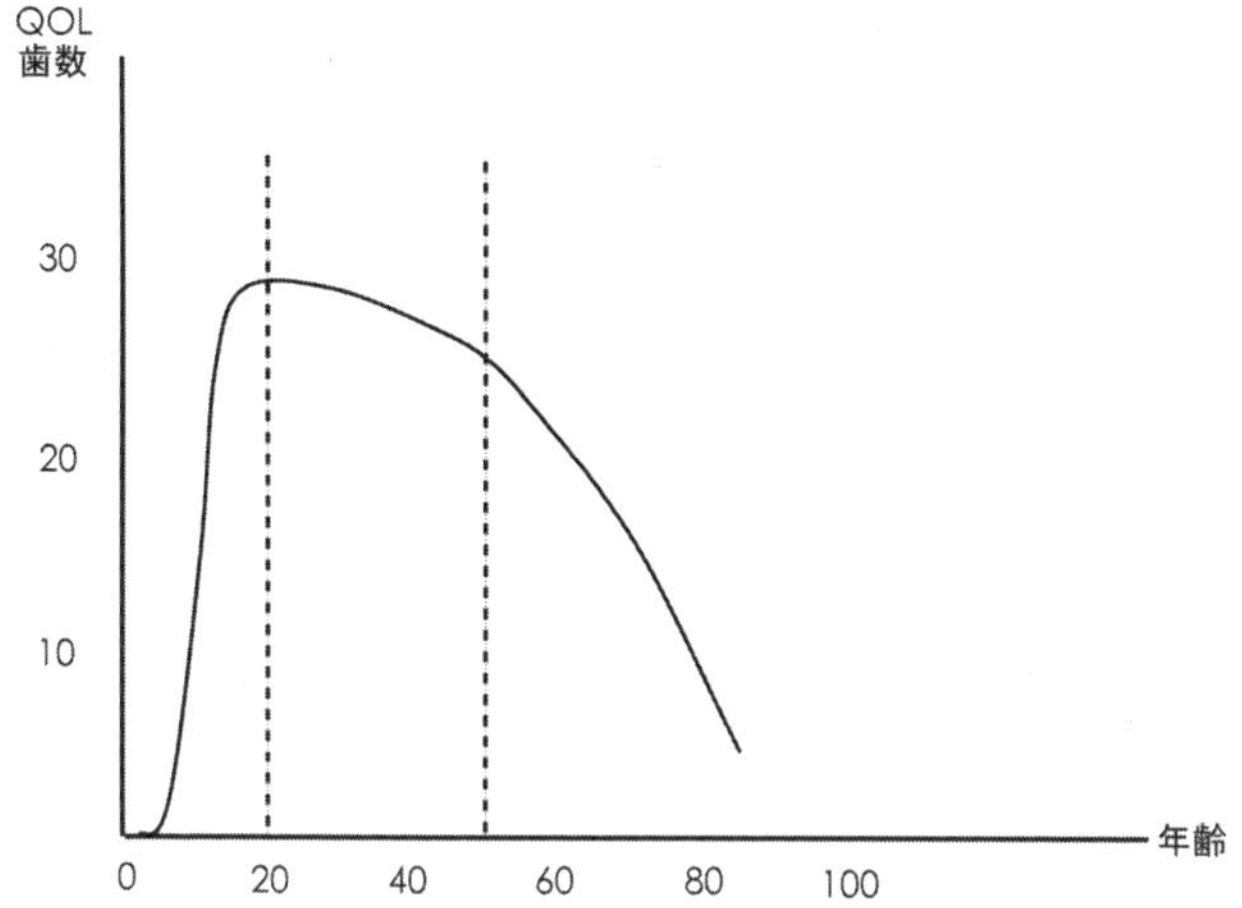

図18　治療方法により永久歯の本数が変化する

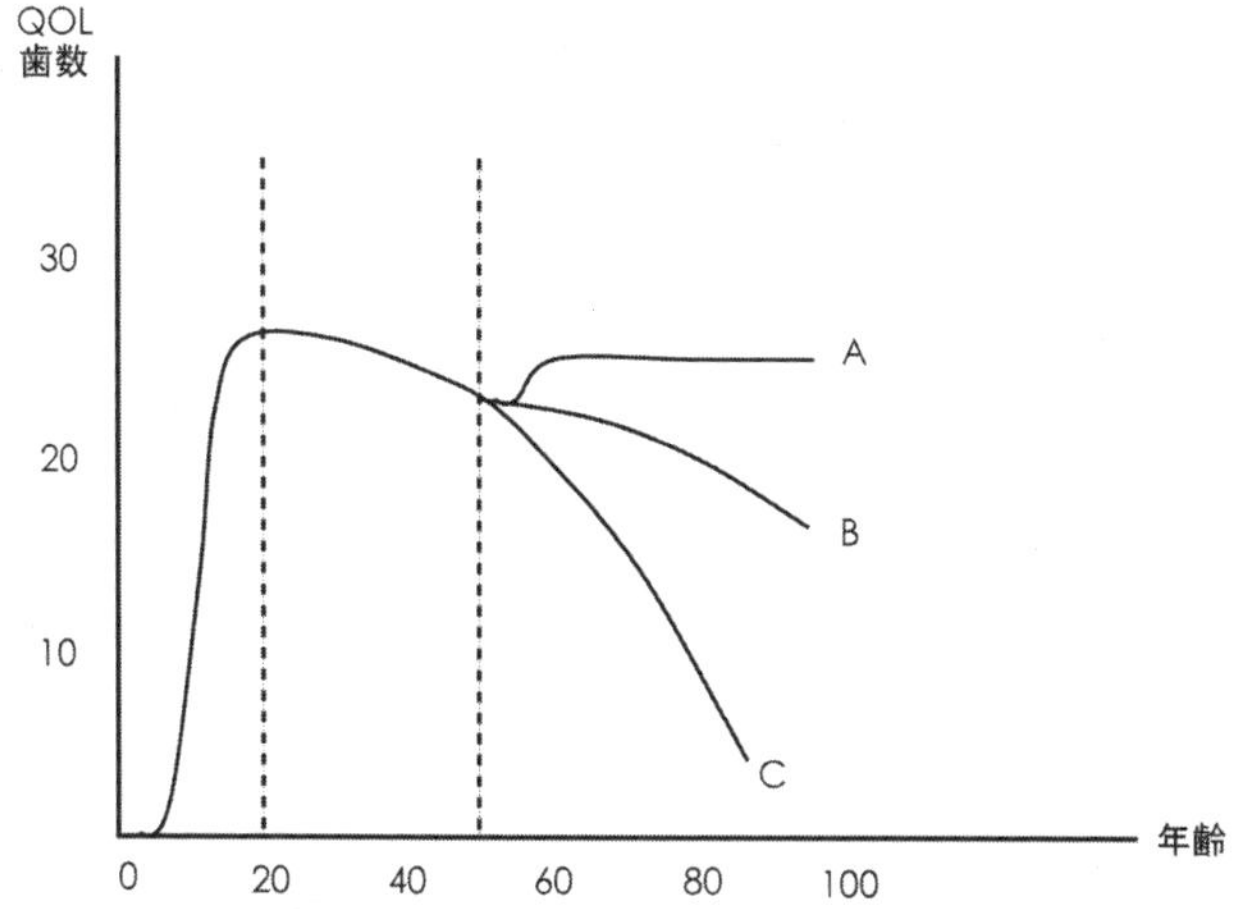

症療法的な治療に比べて、生涯にわたり歯数とＱＯＬを維持しやすくなります。

さらにＡについて見てみましょう。これは包括的な治療方針であり、主訴の改善、メインテナンスに加え、お口の情報から得られた問題点の一つひとつに対し、現在最高と考えられる方法で取り組むものです。高度の医療技術、器材、材料を用い、時に他の医療機関との連携も図られます。Ｂのメインテナンスと比べても治療期間を要しますが、欠損部へのインプラント（人工歯根）応用などによって、より高いＱＯＬを長期に保ちやすくなります。

Ａ、Ｂ、Ｃの治療方針についておおよその内容を把握していただけたと思います。歯科医師の立場としては、なるべく長期間、良好な健康が保たれることを目標とさせていただきたい一方で、様々な患者様の心に十分配慮する必要があるのです。

④ドクターとして心を安定させる

患者様が様々な心を有しているのと同様に、歯科医師も心を有しています。当然、心が穏やかでないときだってあるでしょう。しかし、歯科医師に心があるからといっても、診療室において最優先にされるべきは患者様の心です。さて、患者様は歯科医師の心に何を求めているでしょう。力でしょうか。知性でしょうか。慈愛でしょうか。私が体調を悪くして病院に行ったとき、そこでお会いしたいと思う医師は、専門分野に関して優れた知識・技術を有し、かつ人柄のよい、慈愛のある医師です。逆に医師の欲望や自己主張等、力の要素はあまり必要ありません。つまり、医療人は知性と慈愛を志し、日頃から心を安定させておくことが大切なのです。

以上に示したような、歯科医療の現場にあって、私はますます心について関心を持ち、探究するようになりました。そしてようやく心の3次元に辿り着いた今日、心の技術としてそれを利用することによって、数多くの恩恵がもたらされることに気が付きました。①〜④に沿って再度、利点を挙げるとするならば、①の「患者様―術者間の心の結びつき」に関して、心の3次元的広がりや、幅広い面での心の交流を通じて、治療に向けての共通意識が得やすくなったと思います。②の「心が口腔内に影響する」

ことに関しては、心の3次元は心の洞察にも役立ち、治療に有用となりました。③の「治療方針の決定」について、心の3次元は治療方針の説明を納得しやすいものとし、健康とその持続性の大切さについて、共通の認識を得やすくなりました。④の「ドクターとして心を安定させる」点につきまして、心の3次元はかなりの威力を発揮します。あらゆる心を3次元的に、中立的に理解することが可能となり、その上で自分の心に知性と慈愛といった志を確立することによって、心はとても安定します。今では、私の歯科医院における医療人としての心構えとして、スタッフ全員で志を一つにし、医療サービスに従事しております。

歯科医療には細かい作業が多いのですが、心の世界に関しては、幅広く、おおらかな態度で接していく必要もあるでしょう。心の3次元を参考として用い、心を総合的に、かつ的確に把握しようとする試みは、全人的な医療サービスに益するところ大なのです。

これまでの時代とこれからの時代――覇道と王道

私はこれまでの時代が覇道の時代であり、これからの時代は王道の時代になると考えています。

覇道と王道は権力を有する者の歩む道ですが、この権力を有する者とは一体何を指すのでしょう。これまでの章において触れましたように、心は人間の行動や感情の源であり、心こそが人生の歩みを決定付ける権力者なのです。

覇道と王道は心にとって両極の歩みであるということができます。

以前目にしたコラムに興味深い内容のものがありました。「王道と覇道」と題したコラムの中で、ある高校の名門テニス部の監督が、自分の指導方針について、相手がレシーブしにくい場所にわざとどんどん打ち込む覇道のテニスと、自分の基本的な技術の向上をひたすら積み重ねていく王道のテニスがあるとし、自分の生徒には王道のテニスを指導していると主張していたのです。

一方、あるときのニュースには、高校サッカーの話題が出ていました。某高校のサッカー部が、試合でわざと負けることにより、予選リーグを1位でなく2位で通過し、決勝トーナメントで有利な対戦相手とぶつかろうとしたのです。そのサッカー部は予選の試合でオウンゴールを連発し、2位で予選リーグを通過したそうです。この試合に対して、教育的観点から大変な非難が相次いだというのです。

柔道の世界においては、1984年のロサンゼルスオリンピックの男子無差別級決勝で山下泰裕と対戦したモハメド・ラシュワンは山下が負傷していた右足を攻めなかったことで有名です。もし彼が山下の右足を執拗に攻め続け、試合を有利に進めたのであれば、「覇道」であり、相手のコンディションに左右されず自分の柔道を貫いたのであれば「王道」です。実際彼の心がどちらであったのかは分かりませんが、世間は彼の柔道を「王道」として高く評価したのでした。

「覇道」と「王道」について考察します。

これまでの時代——覇道とは

覇道とは覇者の道です。古代中国では戦国乱世を勝ち抜いた王が、中国全土の諸侯を大陸の中心に集め、牛の耳を地に埋めて自分が覇者となったことを宣言したといいます。すべてを従えるという意味の「牛耳る」はここに語源があります。覇者になるためにはまず勝たなければなりません。敗北はすべてを失うに等しいことであり、そのため武力、智略、謀略の限りを尽くして互いに競い合ったのです。人類のこれまでの歴史は、おおむねこのような覇道に基づいた精神基盤が、あらゆるものを動かしてきました。いや、時代が進むにつれて覇道は姿、形を変化させ、より強力なエネルギーとなって世界に君臨しています。古のいかなる残虐な王でも、ボタン一つで地球上の全生命を破壊できるような現代の核兵器を有してはいなかったのですから。

18世紀にヨーロッパで起こった産業革命は、三つの次元で捉えるならば物質的繁栄を目指す「力」と技術革新につながる「知性」の融合によるものでした。力と知性の価値観が時に力ずくで瞬く間に全世界に広がったという意味において、人類史における革命的出来事であったのです。

人間の欲望とそれを補助する科学技術は現在において圧倒的影響力を有しており、

現代的価値観の根幹を形成するものです。多くの人々はその価値観こそがすべてであると信じ、戦争の時代であればよき兵士、愛国者になることを求められ、それ以外の時代であればよき消費者になることを望まれています。第2次世界大戦において人口が少ないドイツ帝国があれほど強力であった背景には、その前の大戦で敗れたことに対する雪辱から戦意が非常に高かったことと、優れた工業力、科学技術を有していたことがあります。この図式は現代においても当てはまり、豊富な資金力と優れた技術力、経営戦略があれば企業は発展するのです。

つまり、力と知性をうまく融合させ、発展させた者だけが生き残り、他は衰退していくという構図です。勝者と敗者が自然と発生するようにできているのです。製造業に関して言えば、ある企業が作った製品の質と価格、販売量にかなわなければ、他の企業は生産を縮小するのであり、そこでは失業が生まれるのです。このように、力と知性の時代にあって、富を得るのは豊富な資金力と技術を持った集団なわけですから、結果として富は偏在してしまいます。力の次元からこの光景を見れば、豊かな人々は現状に何の疑問も感じませんが、資源や富、仕事を吸い取られる立場からすれば、格差は増していくばかりですから理不尽極まりない話です。これは軍事力を使わない生存競争であり、経済戦争なのです。

戦時に求められるのは強力なリーダーシップ、すなわち揺るがない価値観であり、それに従順な国民を組み合わせた、トップダウンの社会システムです。その意味で、これまでの時代は戦時であり、力とそれを補助する知性の次元に基づいた価値観が求められてきました。そして、ほとんどの人が、その価値観を当然のものとして受け入れてきたのです。

ところが、様々な手段を講じて他から富を搾取するという覇道の生き方は、それが広まり過ぎると、いずれ社会における相互不信を招き、モラルの低下につながります。さらには能率・効率の低下、ハラスメントの頻発へと進展し無駄なコストがかさむようになるのです。結果として社会の発展は妨げられます。

具体例として、日本におけるバブル崩壊、欧米発の金融危機や振り込め詐欺、食品偽装問題の発生などは、どうにかして富を搾取しようとする精神の広まりによるものであり、結果として経済全体に余計なコストがかかるようになってしまったのです。

さらに、人間同士であれば文句の言いようもありますが、搾取の対象が動植物といった自然界であれば、彼らは滅亡を待つのみとなってしまいます。そして、多様性に富んだ生態系を破壊することは、大きなつけとして、立場の弱い将来の世代へのダメージとなるのです。

したがって、これまでのように力が支配し、知性がそれに従属するという覇道の時代（力と知性の時代）は、人類の永続的発展、地球環境の保全、格差の解消という観点からもはや限界に近づいていると言わざるをえません。

これからの時代——王道とは

王道とは儒教が理想とした政治思想であり、仁徳を基にして民を治める政治の方法です。江戸時代の儒学者・横井小楠〔注32〕は「王道政治を貫いている国が、覇道政治を貫く国に敗れたとしても、世界の世論は決して覇道国に味方はしない。むしろ敗れた王道国に味方するだろう。したがって、敗れることを恐れて道を曲げるな」と言いました。そして、薩摩藩の西郷隆盛は西欧列強との交渉に際して、王道政治という絶対的基準をもって挑んだのです。

前述したように、私は21世紀が覇道の時代から王道の時代へと移行する世紀であると考えます。これは現在の、力の次元を主体とし、それに知性の次元が従うという構図が変化することを意味します。王道の時代では慈愛の次元を主体とし、知性の次元を従えるようになります。それは競争社会から共存社会への移行を意味しているのですが、そのように考える理由をいくつか挙げたいと思います。

１、社会情勢の変化

競争によって少数の強者が生まれ、さらに強者が自分たちに都合のよい社会システムを作り出すという覇道の時代は、格差（人種・経済力・性別・世代等）の拡大・固定化へとつながります。強者が強者であり続けるためには、さらに弱者や自然に負荷をかける必要が出てくるのですが、近年ではますます広がる格差や自然環境破壊に対し、それを見直そうという動きも出ています。この動きは過度の競争から、より共生に近い社会を目指す動きとなるはずです。

2、科学的進歩

科学技術の発展により、工業製品や農作物の生産性が向上し、省エネルギーの技術も進歩すれば、人間同士、資源や穀物を奪い合わなくても生きていけるようになり、自然環境への負荷も軽減できるようになります。覇道の時代において、科学は力を補助する道具でしたが、科学の用い方が、エコロジーや人道的分野にシフトしつつあり、実際にそういった分野で急速な進歩が起こっているのです。

3、人間性の再評価

心の3次元の日常における活用法でも触れましたが、人間には脳内物質を追い求める力の次元以外にも、慈愛と知性を重んじる性質があり、慈愛と知性に基づいてなされた行為を、とても評価する性質があるのです。実際私の息子が、力の次元で「友だちと遊具を取り合ったけど、僕が勝って遊具で遊んだよ！」と誇れば、ひどく落胆しますが、慈愛や知性の次元で対応したことを聞かされれば、大変安心し、感動を覚えるのです。「えらい！　よくやった！」と言いたくなります。このことが、もっと広く認識されれば時代の変化に結びつくと思われます。心が目に見えず3次元的に動くため、これまでは心が十分に理解されず、力を精神基盤にした損得勘定が世の中を動かす原動力でした。しかし、力の次元が、いずれ消えゆく脳内物質というフィクションであり、これまでフィクションだと思っていた慈愛や知性こそが真実であったということに、ゆっくりとではありますが、確実に気付き始めているのが現代なのではないでしょうか。

４、宗教の本質への理解

人々の生活様式にも様々な影響力を有している宗教が、本質的に慈愛と知性の究極的あり方を示しているということがより広く理解されれば、慈愛と知性を再評価する動きとなるのではないでしょうか。

これまではAという宗教が絶対的に正しく、Bという宗教は間違いである。したがってAの信者は天国に行けるが、Bの信者は行けない。Aという宗教ではこうしろと言っているから、こうしなければならない。これを禁じているから、これを行えば悪である。という善悪論だったのではないでしょうか。心の3次元で理解すれば知性と慈愛について表現していると解釈できるものが、力の次元に特有の、排他的善悪や利己的損得という条件設定で解釈されてきたことによって、本来人類を幸福にするべきはずの宗教が、数々の悲惨を生み出す結果になってしまったのです。

近年、宗教の訴える慈愛と知性の本質を学び、実生活に照らして理解していこうという動きが広まりつつあります。宗教の違い、宗派の違いが大事なのではなく、そこで訴えられている知性と慈愛について、改めて目を向けていこうという動きは、新たなる宗教理解、宗教間対立の解消につながり、社会にもよい影響を及ぼすことが予想されます。

５、人生観の変化

覇道と王道は相対する人生観を意味しています。人はあくなき脳内物質の追求のために存在する有機物の塊、肉であるとなれば、力の次元にとどまることを意味し、今現在存在する物質世界がすべてになります。誰も見ていない森の奥、池の中に鉄の斧を落としてしまったキコリに池の主が落としたのは金の斧、鉄の斧どちらかと問えば、喜んで金の斧と言うのが力の次元です。欲望、誘惑は生きる原動力となります。自分だけでなく他人もそうなわけですから当然競争心をもって日々生きなければなりません。

人は魂の成長、精神的成長のために生きる永遠なる存在であるとなれば、それは慈愛の次元に移行することを意味し、人格、人間性の向上がすべてになります。池で落としたのは金の斧、鉄の斧どちらかと問われれば、悩みながらも鉄の斧と言うのが慈愛の次元です。

ある人はこれを見て、「馬鹿だねー」と言うかもしれません。しかし、魂にとって欲望、誘惑は成長を妨げる壁であり、試練なのです。自分以外にも成長を求めて生きている仲間を見出すことにより、希望を抱きつつ生きるのです。これはもともと一つであり、完璧であったすべての魂が成長のため、わざと不完全な個々の状態に別れ、それぞれが成長しているというイギリスのスピリチュアリズムが強く主張する人生観であり、近年はこのスピリチュアリズムが社会に徐々に浸透しつつあるようです。このような価値観の広まりは〔注33〕、王道の時代へとつながる動きです。

以上のような動きは覇道の時代から王道の時代への緩やかな変化を予想させるものです。

人は肉（力）か魂（慈愛）か、この本において断定することはできません。どちらが本質で真理であるのかは分かりませんが、どちらが有利かについて考察することはできます。

力の次元にはその特徴に、心が絶えず「満たして」の状態になり、争いを生じやすくなるということや、どんどん引き寄せられてしまい、否定的な感情を生み出す等の特徴があります。これらの問題は対人関係や精神状態に緊張を生み出し、いじめやストレス過多等、様々なトラブルを引き起こします。さらに、脳内物質を強く求め、魂の成長、人間性向上が軽視されるため、実は魂の成長が人生の本質、真理であったという場合、人生という貴重な時間を無駄に過ごしたことになってしまうのです。

それに対して、慈愛の次元には対人関係や精神状態を安定させる傾向があるため、問題を生じるよりは解決する傾向が強まり、現在のような覇道の時代にあっても成功する場合が多いのです。さらに、魂の成長が人生の本質、真理であったという場合、人生の多くの時間をそのために用いることができるのです。

したがって、丁半博打はサイコロを振らなければ答えが出ないのと同様、人が肉なのか魂なのかは死んでみないと答えが分かりませんが、慈愛の次元を選択したほうが有利なのです。

慈愛と知性が結びついた社会とは？

現実問題として、慈愛と知性が結びついた社会とはどのような社会でしょうか。そのヒントとなるものを挙げてみます。

まずは脳について考えて見ましょう。脳には可塑性〔注34〕といって、粘土のように自由に変化する余地があることはあまり知られていません。心が脳よりも高次にあって、脳のシステムを様々に変化させることが可能であるのならば、これはすごいことです。いくつか具体例を挙げましょう。

脳内出血等によりある一部分の脳細胞が死んでしまうと、手足が動かなくなってしまうことがあります。これに対し、理学療法としてリハビリ運動が行われています。このリハビリ運動はただ単に手や足の筋肉を鍛えているのみではないのです。実は死んでしまった脳細胞の代わりに他の脳細胞に刺激を与え、役割を代行させようという試みでもあるのです。懸命なリハビリ運動の結果、今までそのような運動に携わってこなかった脳細胞が、運動機能を司るようになるのです。心が無理だと思って途中であきらめたら、このような脳の変化は起きません。そして、以前はこんなこと簡単にできたのに今はできないという屈辱感・挫折感・絶望を克服し、リハビリを通じて再びできるようになる現実に、少しずつ達成感や喜びを覚えていくという過程は、健康なときには物的・社会的報酬のみがすべてであった脳内報酬系の構造にも変化を及ぼす可能性があります。懸命なリハビリの結果、社会復帰した人が、退院の足でギャンブル・アルコール中毒に向かうでしょうか。いいえ。残りの人生を以前よりも有意義に用いようとし、より高次な脳機能である知性や慈愛、具体的には労働や文化的活動、ボランティアに人生の喜びを見出すようになる可能性が高いのです。逆の例としては健康で将来性のある若者が、あるきっかけでギャンブル・アルコールにのめり込み、それこそが脳内報酬系のすべて、人生のすべてとなってしまう場合だってあるのです。「人生は酒。酒は人生」というのは心が脳をそうしてしまったのです。

したがって、これらの例は心が脳よりも高次にあって、脳の構造・機能をも変化させうるということを示しており、心の長期目標である志に合わせて、脳のシステムはどのようにも変化するということなのです。王道の時代、慈愛と知性が結びついた社会は、人々がそのように志し、脳のシステムがそれに合わせて変化した社会であると言うことができます。平時に贅沢をし、有事に知恵を絞るのではなく、日常の平和にあってこそ知性と慈愛をフル活用し、発展する社会ですから、甘えのない厳しい社会であるとも言えるのではないでしょうか。

知性と慈愛のいろいろな可能性

環境に目を向けますと、温泉の源泉近くに発生するシュードコリシスチスという藻の一種があります。この藻は光合成を通じて水と二酸化炭素を吸収し、バイオディーゼル燃料のもとになる中性脂肪や軽油を細胞内に蓄積することが発見されました。そこで、水田や耕作放棄地にこの藻を繁殖させて、米の収穫前に水田からバイオエネルギーを得るのです。この技術を有効に活用すればエネルギーの自給にもつながります。自然と共生しながら（慈愛）そこに人間の技術を加え（知性）、食料とエネルギーの生産を高めることによって奪い合いの必要性をなくし、結果として共生と親睦を実現してゆくことができるのではないでしょうか。

社会システムに目を向けますと、近年ではＩＴ技術の発展により、ブログやメール、チャット、ツイッターなどを通じて、たくさんの人が時に国境を超えて意見交換できるようになりました。人の動きも国境を越えて進んでおります。グローバル化する世界の中で、グローバルな理念というものが今最も求められているのではないでしょうか。世界中の人々が、ＩＴ技術を駆使して（知性）、お互いの人生に共感し、国のトップを介さずに共通のグローバルな理念（慈愛）を基盤として協力し合い、未来を切り開く時代。そのようなボトムアップ的な時代が考えられるのです。

最後に経済について考えてみましょう。経済という言葉は「経世済民」に由来します。それはもともと「世を経《おさ》め民を済《すく》う」という広義の政治（政治・経済・社会学的思想）と同義語でした。近代に入り、経世済民本来の意味合いは薄れ、主に社会生活を営むのに必要な生産・消費・売買などの活動を指すようになりました。さらに現在では、貨幣経済の意味合いが強調され、経済の注目分野が民（人）から物へ、さらにはお金へと変遷してきたことが理解できます。社会にお金が循環することは、人体に血液が循環することと大変よく似ています。人体において様々な部位に酸素と栄養を運ぶ役割を、血液が担っているのと同様に、社会全体が機能していく上で、お金は大変役立つ道具です。

覇道の時代にあっては個々人が力の次元を念頭に、大量生産・大量消費、脳内報酬系への刺激を志向して経済に関わっていたことを反映し、社会全体もそのような分野にお金を重点的に振り向けてきました。しかし、慈愛と知性を基盤とした王道の時代にあっては、社会の永続的発展、将来の世代への配慮、さらには脳内報酬系のみではなく、高次脳機能にも重点を置くという観点から、より環境に配慮し、資源を無駄づかいしない社会、さらには高次脳機能の活用に目を向けた経済活動が予想されます。

一つ教育面での具体例を挙げてみましょう。

現代の日本において子供はテレビやゲーム、パソコン等の電子機器に向き合う時間が以前に比べて長くなり、子供同士のコミュニケーションにも電子機器が介在するようになりました。最近の研究では、ゲームをしている際の脳の活動部位を、画像解析することによって、脳が部分的にしか活動しておらず、特に人間らしい創造、思考、意志など高次機能に関わる前頭前野での活動が少ないことが分かってきました。新しい脳といわれる大脳新皮質を使えばよいという極論を展開するわけではありませんが、本を朗読したり、議論したり、簡単な計算を繰り返すという、一見すると江戸時代の寺子屋で行われていたような教育内容が、実は前頭葉を含めた広範囲の脳を活性化させ、栄養と酸素を大いに子供たちの脳へと送り込んでいたのです。このような現実がより広く認識されれば自然と、親が子供の朗読に耳を傾ける時間、本を買い与える機会が増え、子供同士に議論させる場も増えるはずです。さらには子供がそのような寺子屋的教育環境で高次脳機能を高めることによって、現在頻発する冷酷・猟奇的な青少年犯罪の撲滅につながる可能性すらあるのです。ゲーム産業も重要な産業の担い手ではありますが、海外の有識者からはエレクトロニック・ウェイストを輸出する日本という評価も一部にはあることを知っておいたほうが賢明でしょう。

力と知性の次元において発展した日本が、慈愛の次元に目を向けて、これを世界に発信し、発展することとは、世界中に大きなインパクトを与えることになります。世界中の人々が心に「ありがとう」という思いを持って互いに、そして自然とも共生できる世界、世界中のあらゆる人、将来の世代に明るい希望をもたらすのが王道の時代（慈愛と知性の時代）なのです。そしてそれは、私利私欲の追求という人生観から、精神的成長という人生観への意識変化をも意味しているのです。

慈愛と知性に向かう人には明るい人が多く、周囲に和やかな雰囲気をもたらします。現在、この周囲を明るく照らす光が世界中で切に求められていると思うのです。

一燈照隅　万燈照国

という言葉があります〔注35〕。一燈照隅は天下・国家を論ずる前に身近な場所を明るくしようという意味です。心の3次元で解釈するならば、自分の魂に対していかにたくさんの恵みの光が降り注いでいるかを知り、慈愛の心である「ありがとう」を胸に、自分も少し周囲を照らそうと思うこと。そして自分の身体、家族さらには周囲の社会にも慈愛と知性の心を向けることこそが、その意味するところだと思うのです。

具体的な例として、私の知人にビール工場の社長がいますが、その人は仕事へ向かう途中、ゴミ捨て場にゴミを捨てていくそうです。それだけならば私もしているのですが、伝え聞いたところでは、ゴミ捨て場に向かう途中に落ちている路上のゴミを袋に入れて、一緒に捨てているのだそうです。このような行動こそまさしく周囲を照らす行為であると言えないでしょうか。電車を待つ駅のホームでゴミを見つけたらゴミ箱に捨てたり、家族や友人の悩みに耳を傾けたり、職場でさわやかに挨拶するなど、周囲を身の丈で照らす機会は実にたくさんあるのです。

私はこれを「ありがとうプラス1の精神」と呼んでいます。まずは、プラス2でなくていいのです。無理のない、身の丈という意味でプラス1がいいと思うのです。地球上のすべての人々が光となって、周囲を照らし始めたら、地球全体が大きな光に包まれることでしょう。

互いに心の光を奪い合う覇道の時代から、互いに心の光を生み出す王道の時代へ。「満たして」と思いながら、他から光を奪うのではなく、「ありがとう」と思いながら、自家発電のように光を生み出す時代へ。そんな夢のような話が実現可能でしょうか？左手の心の3次元をご覧ください、知性と慈愛が主役となる角度で。

見えましたか？

それが未来の地球です。

あとがき

いかがでしたでしょうか。ここまでお読みいただけたことに、まずは心よりお礼申し上げます。ありがとうございます。

心は目で見たり、手で触れることができないため理解することは困難です。心の3次元と簡単に言ってもまだまだ疑問を差し挟む余地があります。とても有益な知性かもしれませんし、そうではなく無駄な思い込みかもしれません。それなのに、私がなぜこのように本にまとめるエネルギーを持ちえたのでしょう。

2008年、私は大学時代の友人をまた一人失いました。他にも、歯科医師となることなく学生時代にこの世を去った仲間もいます。彼らの早過ぎる死は、私にとって人生への問いかけとなりました。この自分の人生を、力の次元に支配され、脳内物質の追求に捧げて生きるのではなく、立派な歯科医師として、そして、立派な社会人として世を照らす一燈となることが、彼らの早過ぎる死に対する私の答えであり、かく言う私も、今から数分後に世を去る可能性だってあるのです。

私が死んでも、この心に生まれた知性を誰にも知られず、消したくはない。子供に、子供の社会に残したい。このような気持ちは、万難を排して知識をまとめる原動力の一つになりました。そして、もう一つ。

現在様々な宗教、場合によってはそれ以外からの導きが、人の生きる正しい道を指し示し、無批判に信じることを求めています。そして一方、現実社会では力の次元に基づいた生存競争が熾烈を極めているのです。これらは正反対の立場のように見えます。しかし、両者には共通点があるのです。

すなわち「地球人類はだめな存在だ。所詮は力の次元、脳内物質の追求から、自力では抜け出せない身勝手な存在だ」という共通点です。したがって、ある人は自分以外、他からの導きに救いを求め無批判に従おうとし、ある人は自分だけは勝ち残ろうと、より熱心に覇道を歩みます。人類は自力本願では覇道の時代から抜け出せないと決めつけているのです。

本当にそうでしょうか？

人類が自立心を持ち、自分たちがこれまでに獲得した知識を用いて、自力でよい方向に向かうことはできないのでしょうか。力ではなく、慈愛を社会基盤にしていくことはできないのでしょうか。

できないという人は、人類がこれまでできなかったということを根拠にして不可能だと言います。しかし、私たち一人ひとりが心について理解を深め、心を客観的に見つめることができれば、自分たちの力で明るい未来を作り出すことができる可能性もあるのです。このような知的好奇心もこの本をまとめる上で大きな原動力となりました。そしてまとめていくに従い〝心を理解し、未来をよりよくすることはできる〟という確信を深めることができました。

この本をまとめるに当たって、最大の障壁は、時間の制約や周囲の反対など、外部からの妨害ではなく、何を隠そう自分の中にある、力の次元からの様々な誘惑・警告でした。「力の次元——圧倒的、人間そのもの、競争社会、現実そのもの、従うしかない、欲望そのもの、刺激、快楽、争い」等々。

力を力として認識できるようになって初めて、心の中の力をコントロールすることができるようになり、本書の完成に至りました。そして、以前よりも様々なことに感謝することができるようになりました。心が脳よりも高次にあって、脳のシステムを様々に変化させることが可能であるのならば、それはすごいことです。本書の完成は私にその可能性を示してくれました。

心の3次元に対しては、心を扱うゆえに様々な異論、反論があってしかるべきです。しかし、もしこれが心に関する真の知性であるならば、過去、現在、未来すべての人間を貫く普遍的真理になりうると思うのです。

私が検証できるのは私個人の心のみです。お読みいただいた方の中にも、心の3次元を検証していただける方が現れることを強く希望するものです。そして、そのような心の動きは現実的な変化として世に現れてくることを、私は今確信しています。

「ありがとうプラス1」というたくさんの光として。

注釈

〔注1〕

レフ・ニコラエヴィチ・トルストイ（1828～1910）。ロシアのトゥーラ県ヤースナヤ・ポリャーナに生まれる。作家・思想家。「アンナ・カレーニナ」や「戦争と平和」等、世界の文学史に残る長編小説や多くの短編小説を残した。トルストイの父ニコラーイ・イリイチ・トルストイ伯爵は、博打に手を出し破産寸前のところ、資産家の貴族マリヤと結婚することで破産を免れる。四男として生まれたトルストイは経済的に恵まれた中で外交官になることを目指して勉強に励むが、遊びにも熱が入り、試験に失敗、放蕩生活を送る。しかし23歳の頃、兄の勧めでコザック兵となり、兵役の傍らで著作活動を開始する。砲兵士官としてクリミア戦争におけるセヴァストーポリ要塞の防衛戦に参加し、戦争における人間の光と闇を描いた「セヴァストーポリ物語」を執筆、その名が認められる。

その後、故郷のヤースナヤ・ポリャーナで農民の子弟を教育する学校を設立し、教育活動にいそしむ傍ら、「戦争と平和」を執筆、大きな反響を生む。さらにその後に発表した「アンナ・カレーニナ」は記録的なヒットとなる。40歳を過ぎたあたりから道徳倫理的内容の著作が出始め、50歳も過ぎた頃からは、人生の真の意味を問い、妥協のない理性的考察で、その信念を書き連ねた作品が続々と発表される。「人生論」は彼が59歳のときに執筆された作品であり、生の意味について、彼のそれまでの嵐のような人生経験と理性的考察に基づいて書き記したものである。利他的精神こそが人生の本質であるという結論は、まさしく晩年の彼の生き方を描いたものであり、以後、彼は飢饉救済や移民支援などに奔走する。しかし、その妥協なき精神と行動力ゆえに、周囲との軋轢も半端なものではなかった。１９１０年巡礼の途中で静かに息を引き取る。

〔注2〕

無分別智は仏教における重要な根本思想である。サンスクリット語の経典である「プリジュニャーパーラミターフリダヤ」は経典の中でも短いほうであるが、玄奘の漢訳は「般若心経」として日本でも親しまれている。無分別智に関する部分を抜粋する。

シュリープラよ。この世において一切のものは無実体性なる特徴があり、生ずることなく、滅することなく、けがれでなく、けがれを離れてもなく、減ずることなく、満つることもない。そういうわけであるからシュリープラよ、無実体性においては、物質的現象はなく、受・想・行・識もない。眼も耳も鼻も舌も触覚体も意もなく、色も声も香も味も触覚も法もなく、眼の領域から意識の領域までもない。明もなく、明なきこともなく、明の尽きることもなく、明なきことの尽きることもなきことから、老・死なく、老・死の尽きることなきまでもなく、苦も、苦の原因も、苦を制することも、制することの道もなく、智もなく、得もない。

すなわち、無分別智の特徴は一切の差別・区別・分別を否定することにある。

〔注3〕

ゴルゴ13。さいとう・たかを作。暗殺者の漫画で現代の情勢を的確に反映し、リアリティを追求している。SPコミック76巻「サンタ・アナ」ではゴルゴ13に関するインターポールの研究結果が披露されており、特定のイデオロギーに属さない、それどころかすべてのイデオロギーを積極的に否定する「虚無」というのがゴルゴ13の行動原理であると結論され、関係者が驚く場面が描かれている。

〔注4〕

西郷隆盛（1827〜1877）。薩摩国（現鹿児島県）に生まれる。下級藩士として、農政に関わる仕事をしていた。1851年、島津斉彬が藩主となった頃、誠忠組（青年団）のリーダーであった西郷は農民や、先年のお由羅騒動で処分された多くの藩士のため、藩に建白書や意見書を度々提出し、斉彬も西郷の存在を認めるようになる。斉彬の参勤交代に付き従い、薩摩から江戸薩摩藩邸に勤務することとなり、斉彬の右腕として徐々に世に知られてくる。将軍継承問題や幕政改革に大きく関わろうとする斉彬のために奔走する毎日を送っていた矢先、その斉彬が急死する。安政の大獄の嵐が吹き荒れる中、西郷は僧である月照とともに入水自殺を図るが、西郷だけは奇跡的に救われる。

その後奄美大島に3年ほど滞在した西郷は、島津久光より招聘され、久光が兵を従えて上京する計画に従事するが、藩内の急進派の暴走を食い止める過程で久光の命に背き、遠島を申し付けられる。西郷のいない薩摩藩は会津藩と手を結び、尊王攘夷の名の下、勢いを増す長州藩に対抗するが、肝心な幕政改革の道は将軍後見職である一橋慶喜によって妨害され、政治的に行き詰まる。藩内に再び西郷を呼び戻そうという機運が高まり、遠島から1年8ヶ月後、西郷は久光のいる京へ呼び出され、薩摩藩の軍事司令官となる。蛤御門の変や第1次長州征伐で格別の働きをするが、幕府による第2次長州征伐に反対し、坂本龍馬の仲介で薩長同盟締結に踏み切る。

その後は討幕軍の司令官として、戊辰戦争や江戸城開城を経て明治新政府発足の立役者となる。しかし、1877年、西南戦争で新政府に反旗を翻し戦死した。中村正直の造語とされる敬天愛人は、明治に入って西郷隆盛が好んで用いたとされる。旧荘内藩の藩士との座談を記録した『南洲翁遺訓』には、「道は天地自然のものなれば、講学の道は敬天愛人を目的とし、身を修するに克己を以って終始す可し」とある。

〔注5〕

陽明学は明代の儒学者、思想家、政治家、武将であった王陽明（1472～1528）が提唱した儒教の一派。「致良知」「知行合一」「心即理」「万物一体の仁」などが代表的思想。

〔注6〕

宮沢賢治（1896～1933）。岩手県稗貫郡里川口村（現花巻市）出身。詩人・童話作家であり、法華経信仰と科学的教養を背景に、郷里の農業・文化の指導に献身した。その傍らで、優れた童話や詩を数多く残した。詩集『春と修羅』、童話集『注文の多い料理店』、童話「銀河鉄道の夜」など。

〔注7〕

イギリスのスピリチュアリズム。19世紀後半のイギリスでは公開交霊会やプライベートな家庭交霊会などが盛んであった。このような動きの中から、シルバーバーチやホワイト・イーグルなどの「ハイアースピリチュアリズム」が登場してくる。

〔注8〕

ビートルズは1962年レコードデビュー以来、世界的に爆発的な人気を博す。「オール・ユー・ニード・イズ・ラブ（愛こそはすべて）」は1967年、英BBC放送が企画した世界初の衛星生中継番組「アワ・ワールド」のためにジョン・レノンとポール・マッカートニーが作詞・作曲した曲、ビルボード第1位になる。愛について簡単で短いフレーズを並べている。歌詞の内容を要約すると、人は心の中に様々な望みを抱き努力するがなかなか報われない。しかし、人生というゲームをどうプレーするか知ること、だんだんと本当の自分になっていくこと、本来の居場所に落ち着くこと、これは簡単なことであり、結局必要なのは愛、愛こそがすべてであると歌っている。この歌詞についても様々な解釈ができるが、筆者は愛から外れて何かを成そうと願っても、成功は難しく、例え成功したとしても長続きしないという意味に捉えている。

〔注9〕
脳内報酬系はA10ドーパミン神経系、快感神経とも呼ばれる。脳科学の初期において、1954年にオールズとミルナーはラットの脳に電極を埋め込み、ラットがレバーを押すと一瞬弱い電流が流れ、脳が刺激される実験法（自己刺激実験）を考案し、この電気刺激が快感につながっているということを発見した。近年では、ヒトの脳の働きを非侵襲的に計測し、画像化することが可能となり、それに伴って脳科学も進歩し、脳内報酬系の解明も進められている。複雑な脳内報酬系ネットワークの一部を以下に述べる。身体内外からの感覚刺激が、大脳辺縁系の偏桃体に入力され、情動反応を通じて、利益や報酬であると判断されると、βエンドルフィンが産生され、中脳腹側被蓋野の抑制が解除される。中脳腹側被蓋野のドーパミン軸策は前頭葉の側座核まで伸展していて、そこでドーパミンが放出され、脳は快体験を得る。

脳内報酬系ではβエンドルフィンやドーパミン等様々な脳内物質が産生される。βエンドルフィンは分子構造が麻薬であるモルヒネと似ており、モルヒネよりも数倍強い鎮痛・快感作用を有している。ドーパミンは分子構造が覚せい剤（アンフェタミン）に近似。

〔注10〕
平成18年度に全国の児童相談所で対応した児童虐待相談対応件数は3万7323件で、統計を取り始

めた平成2年度を1とした場合の34倍、児童虐待防止法施行前の平成11年度に比べ約3倍強と、年々増加している（厚生労働省調べ）。

「しつけ」と称した児童虐待が近年増加傾向にある。

〔注11〕
薬物で問題となるのは、脳に作用する違法性の精神作用物質であり、モルヒネ・アヘン・ヘロイン・LSD等の麻薬や大麻（マリファナ）、覚せい剤、シンナー等である。このような薬物の反復使用により、脳内報酬系が強化され、使用を中断できなくなるのが病態生理であり、精神・行動障害としては急性中毒、依存症候群、離脱状態、精神病性障害などがある。近年様々な場所で使用の広がりが認められ、摘発件数では平成18年度で覚せい剤1万8491件、大麻1224件、アヘン128件、ヘロイン52件、コカイン87件、向精神薬57件、LSD29件とされており増加傾向にある。

〔注12〕
J・R・R・トールキン（1892~1973）はオレンジ自由国（現南アフリカ共和国）に生まれる。イギリスの作家、大学教授、詩人。「指輪物語」は1937年から1949年にかけて少しずつ書かれたとされ、大部分が第2次世界大戦の最中に執筆された。

〔注13〕

現在世界中で核保有国はアメリカ・ロシア・イギリス・フランス・中国の旧連合国やインド・パキスタンであり、他にも非公式に保有、開発している国が多くあるとされる。ＩＣＢＭ（大陸間弾道ミサイル）、潜水艦核弾道ミサイル、投下型核爆弾等、合計２万６０００発の核兵器が確認されている。破壊力はメガトン（1メガトンではＴＮＴ爆薬１００万トンの爆発に匹敵）単位であり、標準的水爆の破壊力は広島に投爆されたウラン型原子爆弾の１００倍の威力を有する。１９６1年に旧ソ連が北極海のノヴァヤゼムリャ島で行った最大の大気圏核実験では58メガトンの核爆発によって衝撃波が地球を3周したとされる。

〔注14〕

アマゾンの森林は世界の約１／３の酸素収支を担っているとされていたが、毎年四国と同等の面積の森林が破壊されている。伐採後には大豆やバイオエタノールの原料となるサトウキビが栽培され、このままのペースで減少を続けると２０３０年にはほぼ消失するとされる。

〔注15〕

将来の世代である子供たちからの搾取は、国家における累積債務が、下の世代へと引き継がれたり、産業廃棄物による環境や農作物等の汚染が新しい世代の脳や心身の発育に影響するという間接的なものから、核実験や放射能を含んだ兵器の使用による放射能汚染等の直接的影響、さらには誘拐や人身売買等の犯罪被害によって、直接的にその身体に及ぶケースも年々増加傾向にある。特に臓器移植を目的とした誘拐・人身売買の増加傾向が深刻である。

〔注16〕

１９８６年イギリス映画。製作はフェルナンド・ギアとデイヴィッド・パトナム、監督は「キリング・フィールド」のローランド・ジョフィ、脚本はロバート・ボルト、撮影はクリス・メンゲス、音楽はエンニオ・モリコーネが担当。出演はロバート・デ・ニーロ、ジェレミー・アイアンズほか。１７５０〜１７５８年を舞台に南米のジャングルで殉職した二人のイエズス会士の物語。

〔注17〕

ソクラテス（ＢＣ４７０頃〜ＢＣ３９９）。ギリシャ、アテネの人。ソクラテスの友人カイレポンは、デルフォイの神殿で、「ソクラテスより知恵のある者はいない」との神の言葉を受けた。これを聞いたソクラテスは驚き、神の真意を測りかね、自分より知恵のある者を捜し求め、様々な人と問答を交わした。しかし、彼らは人として知っているべき最も重要なことを知らず、それを知っていると思い込み、その無知を自覚すらしていなかった。その点で、ソクラテス以外の人は「無知の無知」であった。ソクラテスは自分自身に知恵がないことを知っていた。人間の知は神とは比べ物にならないほど微々たるものだが、それでも自らの無知を自覚する者「無知の知」である自分が一番の知者であると考えたのであった。これ以降ソクラテスは、人々に無知を悟らせる仕事に専念し、知を愛求するようになる。これをソクラテスは「助産術」と呼んだ。これは問答法や皮肉法とも呼ばれ、自分の無知を告白しながらも、相手の無知を暴露していき真理への愛・知を促していくのである。

自然哲学や弁論術などの時代の先端の思想や技術を極め、「知者」として人々に認められようとする、いわゆるソフィスト的な生き方と決別し、無知の自覚に徹し、「知を愛する者」＝「哲学者」へと転向していったのである。こうして神託を機に世の中の知者に問うたのは、「よく生きること」とはどういうことなのか。人が幸福に生きるとはどういうことなのかであった。多くの人々の答えは金や名誉、健康などであった。しかし、ソクラテスは「徳」（アレテー）こそが真に幸福に貢献できるのであり、「よく生きる」ということの実現であると考えた。この確執のため、一部の人から反感を買い、心を惑わせたと裁判に訴えられる。その場でもソクラテスは自説を曲げず主張し死刑の判決を受け入れる。脱獄のチャンスもあったが、「不正で不正に対抗はしない」と決め、毒杯を飲んで、この世を去った。弟子にはプラトンがおり、ソクラテスの人生を記録したのは彼であると言われている。

〔注18〕

ニコラウス・コペルニクス（１４７３～１５４３）。トルン（現ポーランド領）に生まれる。天文学者、知事、法学者、占星術師であり、宇宙が太陽を中心に回っているという地動説を提唱した。実際には教会からの迫害を恐れ、主著『天体の回転について』は1543年の死後発表された。コペルニクスの地動説は、それ以前の天動説を覆し、以後天文学は考え方の転換を迫られていく。ドイツの哲学者カントがコペルニクス的転換という表現を用いた。

〔注19〕

吉川英治（1892〜1962、神奈川県出身）による、1935年から4年間にわたって「朝日新聞」に連載された大河小説。宮本武蔵が剣士として修行を重ね、後に人生の道を究めようとするまでの変遷を記した。吉川自身の人生観「我以外皆我師」を武蔵に重ねたものと言われているが、アメリカ・イギリス・オーストラリア・ドイツでも翻訳され100万部以上発行された。他にも多くの国で翻訳され幅広い支持を得ている。

〔注20〕

ボビー・ジョーンズ（1902〜1971）。アメリカ、ジョージア州アトランタ出身。ゴルファー、弁護士。自制心に富むプレーによって球聖と呼ばれる。生涯アマチュアを貫き、1930年、28歳で当時の世界4大タイトルである全米アマ・全英アマ・全米オープン・全英オープンに優勝し、年間グランドスラムを達成した。

〔注21〕
『100万回生きたねこ』　作・絵　佐野洋子、1977年発行。

100万回も死んで、100万回も生きた猫の話。王様、船乗り、手品使い、どろぼう、おばあさん、女の子……100万人の人がその猫をかわいがり、100万人の人がその猫が死んだときに泣いた。あるとき猫は誰の猫でもない、のら猫に生まれる。自分が大好きな猫は、めす猫たちにちやほやされて有頂天になるが、1匹の白く美しい猫に魅せられる。やがて子供が生まれ、自分よりも大切な家族を持つことになる。そして……。100万回死んでも悲しくなかった猫は、初めて愛することを知り、愛する者を失って初めて涙を流す。

〔注22〕
アントワーヌ・ド・サン・テグジュペリ（1900～1944）。フランス、リヨンの人。パイロット、小説家。郵便輸送のためのパイロットとして、欧州─南米間の飛行航路開拓などにも携わった。「夜間飛行」や「人間の土地」「戦う操縦士」「星の王子さま」等を執筆する。第2次世界大戦においては、偵察機のパイロットとして活躍。1944年7月31日コルシカ島から出撃、消息を絶つ。

〔注23〕
幕末から明治にかけて活躍した、長岡藩の小林虎三郎（1828～1877）にまつわる故事。戊辰

戦争において敗戦した長岡藩は、藩財政が困窮し、藩士はその日の食にも窮する状態であった。その窮状を見かねた長岡藩の支藩三根山藩は百俵の米を寄贈した。長岡藩士たちはこれに大喜びし、生活の糧にしようとしたが、藩の大参事である小林は百俵の米を売却し、国漢学校設立の一助とする。この際、小林は藩内の不平不満に対し、教育第一主義を唱え、「百俵の米も、食えばたちまちなくなるが、教育にあてれば明日の一万、百万俵となる」と論した。

〔注24〕
「雨ニモマケズ」は1931年に宮沢賢治が使用していた黒い手帳に記されていた。彼の利他的精神が表現されている。

雨ニモマケズ／風ニモマケズ／雪ニモ夏ノ暑サニモマケヌ／丈夫ナカラダヲモチ／慾ハナク／決シテ瞋《イカ》ラズ／イツモシヅカニワラッテヰル／一日ニ玄米四合ト／味噌ト少シノ野菜ヲタベ／アラユルコトヲ／ジブンヲカンジョウニ入レズニ／ヨクミキキシワカリ／ソシテワスレズ／野原ノ松ノ林ノ蔭ノ／小サナ萱ブキノ小屋ニヰテ／東ニ病気ノ子供アレバ／行ツテ看病シテヤリ／西ニ疲レタ母アレバ／行ツテソノ稲ノ束ヲ負ヒ／南ニ死ニサウナ人アレバ／行ツテコワガラナクテモイイトイヒ／北ニケンクワヤソシヨウガアレバ／ツマラナイカラヤメロトイヒ／ヒデリノトキハナミダヲナガシ／サムサノナツハオロオロアルキ／ミンナニデクノボートヨバレ／ホメラレモセズ／クニモサレズ／サウイフモノニ／ワタシハナ

リタイ

〔注25〕
スクラッピング法は虫歯予防における基本的なブラッシング法の一つであり、歯ブラシの毛を歯面に対して90度に当てる。裏面は90度に当てるのが難しいので45度に当てる。歯と歯ぐきの境目、歯と歯の間に毛先が当たるようにし、ストロークは小さく振動させるような感じで磨く。

ちなみに、臼歯部のかみ合わせの面は、縦と横に細かい溝が存在するので縦と横に磨く必要がある。スクラッピング法に加えて、ローリング法も併用し、汚れを根元からかき出すように回転させることで、歯間部に詰まっている食物残渣やプラークを取ることも虫歯予防に有効である。

〔注26〕
色を3次元的に表現する技術。3原色の加法混色（色を混ぜ合わせて様々な色を再現する方法）によって作られる色は、3次元のXYZ座標を用いてR・G・Bのベクトルで表現できる。それにより作られる立方体はRGB色立方体とされ、コンピュータ上で様々な色を再現するのに用いられている。

〔注27〕
橋本左内（1834〜1859）。越前国（現福井県）に生まれる。1849年より大阪の適塾で緒方

洪庵や杉田成卿に師事して蘭方医学を学ぶ。越前・福井藩主の松平春嶽によってその才能を評価され、藩医や藩校・明道館学監心得となる。1857年以降は幕政改革に参加し、将軍継嗣問題では、一橋慶喜擁立運動を展開する。西欧の先進技術の導入等を提唱した。安政の大獄において、将軍後継問題に関与したことが問われ、刑死する。

〔注28〕
サミュエル・スマイルズ（1812〜1904）。スコットランド、ハディントンに生まれる。医師、作家。エディンバラの開業医であったが、次第に執筆活動が中心となる。1858年に出版された『自助論』は、日本でも『西国立志編』として出版され、大きな反響を呼ぶ。

〔注29〕
ヴィクトール・エミール・フランクル（1905〜1997）。オーストリア、ウィーンに生まれる。精神科医、心理学者。ウィーン大学在学中にフロイト、アドラーに師事し、精神医学を学ぶ。人が自らの「生きる意味」を見出すことを援助することで、心の病を癒そうとする心理療法「ロゴセラピー」を理論化した。

第2次世界大戦中はナチスにより、ドイツの強制収容所生活を体験。そこでの過酷な体験を基に、『意味への探求（一精神医学者の収容所体験）』、日本語訳『夜と霧』（みすず書房）を発表し、世界的ベストセラーとなる。

〔注30〕

中国の後漢末期から魏・呉・蜀による三国時代にかけての戦国史（180〜280頃）。当時の歴史家である陳寿（233〜297）がこの時代の歴史を『三国志』としてまとめたことに由来する。後漢末期から再び統一されるまでに、中国の人口は約5500万人から約1600万人まで減少したとされる。

〔注31〕

人間の精神状態が口腔機能に大きな影響を有する要因として、発生段階において咀嚼筋群が内臓系の筋肉に由来することが挙げられる。内臓系の筋肉の特徴としては不随意的（無意識的）に一定のリズムで動くという特徴があり、胃の蠕動運動が分かりやすい例である。

咀嚼筋はこの不随意的に一定のリズムで動くという機能と、随意的に動かすことができるという機能を併せ持っている。精神状態が影響するのは、不随意的機能に関連したことで、精神的緊張状態にあるとき胃の動きが抑制されたり、場合によって胃が痙攣を起こしたりするのと同様、咀嚼筋には収縮する動きが現れやすくなり、意識のコントロールが効かない就寝時に食いしばり・歯軋り等の動きとなって現れ、歯科医学的にはこのような動きをブラキシズムと呼ぶ。ブラキシズムは歯の咬耗・亀裂・破折や歯周組織（特に歯根膜・歯槽骨・セメント質）、さらには顎関節に破壊的力となって作用する。ある実験データでは、ブラキシズムの咬合力が、起きているときの最大咬合力の2倍、長時間に及ぶというケースも報告されている。しかし、脳内のストレス物質をブラキシズムによって解消しているという実験結果もあることから、ブラキシズムはそれ自体にストレスをケアするという意義を持つ。

〔注32〕

横井小楠（1809~1869）。熊本に生まれる。熊本藩士、儒学者。私塾「四時軒《しじけん》」を開き、多くの門弟を輩出した。松平春嶽の政治顧問として、福井藩の藩政改革、さらには幕政改革に関わる。鎖国体制・幕藩体制を批判し、それに代わる新体制を「公共」と「交易」の立場から模索した。1868年、新政府に参与として出仕するが、翌年暗殺される。

〔注33〕

従来、WHO（世界保健機関）はその憲章前文の中で、「健康」を「完全な肉体的、精神的及び社会的福祉の状態であり、単に疾病又は病弱の存在しないことではない。」

"Health is a state of complete physical, mental and social well-being and not merely the absence of disease or infirmity."

と定義してきた（昭和26年官報掲載の訳）。

しかし、1998年のWHO執行理事会（総会の下部機関）における、WHO憲章全体の見直し作業の中で、「健康」の定義を「完全な肉体的（physical）、精神的（mental）、spiritual及び社会的（social）

福祉の dynamic な状態であり、単に疾病又は病弱の存在しないことではない。」
"Health is a dynamic state of complete physical, mental, spiritual and social well-being and not merely the absence of disease or infirmity."
と改めることが議論された。最終的に投票となり、その結果、賛成22、反対0、棄権8で総会の議題とすることが採択された。
すなわち、「健康とは肉体的にも、精神的にも、霊的にも、社会的、福祉的にもバランスが取れてよい状態である」と解釈することができる。

〔注34〕
固体に圧力を加え、その大きさがある程度以上、すなわち弾性限界を超えると、弾性体としての性質を失い、圧力を取り去ってもひずみがそのまま残る現象を可塑性という。脳の可塑性という場合は、一度特定の機能を獲得した脳の神経細胞が、他の機能を獲得する能力を意味する。脳の神経回路が形成される発達期の可塑性と、すでに多くの神経回路が形成された発達後の可塑性に分けられる。脳の神経細胞(ニューロン)はたくさんの突起を出して、他の神経細胞と情報交換するための場、シナプスを形成する。このシナプスを介した情報交換により、神経細胞はその機能を発揮するが、発達期の脳では様々な学習体験を通じて、多数のシナプスが形成される。発達後（成長後）もシナプスは時間とともに新たに形成・消滅するが、従来この発達後の可塑性はごくわずかであると考えられてきた。そのため、脳損傷に続く

運動機能障害に対しては、健側の身体を鍛える代償訓練に重点が置かれていた。脳科学の発展に伴い脳の可塑性が注目され、患側の身体を鍛えることで脳を刺激し、シナプスの再形成を促し、損傷した脳の機能を、脳の他の部分が担うことにより、運動障害そのものを克服するという取り組みが行われており、それを踏まえたリハビリの成果も多数報告されるようになった。

〔注35〕

伝教大師すなわち最澄の言葉といわれる。前半の照隅とは、自分の存在する場所を照らすという意味であり、反射的な光ではなく、自らが発する力強い主体性により、身の回りの状況を改善していくことである。そして、多くの人間の主体的な社会貢献が、国家の繁栄につながるという意味。

安岡正篤はこの言葉を引用し、次のように述べた。

内外の情況を深思しよう。
このままで往けば日本は自滅する外はない。
我々はこれをどうすることも出来ないか。
我々が何とかする外無いのである。
我々は日本を易へることが出来る。
暗黒を嘆くより一燈を点けよう。

先づ我々の周囲の暗を照す一燈にならう。
微かなりとも一隅を照さう。
手のとどく限り、到る処に燈明を連ねよう。
一人一燈なれば、万人万燈である。
日本は忽ち明るくなる。
是れ我々の一燈照隅行即万燈遍照行である。
互に真剣にこの世直し行を励まうではないか。

著者プロフィール

ハーレー・ニーマン……筆名。1972年生まれ。歯学博士。空手道黒帯。小学生の頃より心に関心を持ち、探究する。様々な現実問題に対し、心の3次元を参考にしたアプローチを提唱している。二児の父。

心の３次元　３本の指で幸せになる方法

初版発行　2010年7月7日

著者　ハーレー・ニーマン

発行人　山本 和之

発行所　パブリック・ブレイン

〒 174-0045
東京都板橋区西台 1-12-9-302
tel.03-6379-1507/fax.03-6379-1508
URL http://www.publicbrain.net

印刷　モリモト印刷
発売　星雲社　東京都文京区大塚 3-21-10

ISBN978-4-434-14681-7　C0010